もっと！
子どもが地球を愛するために

〈センス・オブ・ワンダー〉ワークブック

マリナ・ラチェッキ／ジェイムス・カスパーソン：著
山本幹彦：監訳　目崎素子：訳

人文書院

謝　辞

北部ウィスコンシンとミネソタの大地と水が，この本に生命を与えてくれました。私たちは地球からもらったこの贈り物に感謝しています。

そして私たちの家族や，『子どもが地球を愛するために』でともに原稿を書き上げたアン・リネア，ポール・トゥルーアー，ジョセフ・パッシノの仲間たち，初稿段階で慎重に編集をしてくれたスティーブ・ソレンセン，それに，熱心な助言だけではなく，イラストをも描いてくれたカーリン・ホールマンら，この本が仕上がるまでにかかわってくれた人々に感謝します。

最後に，皆さんとこの本で伝えたかったことをわかちあえる機会を与えてくれた編集者のスーザン・ガスタフソン，それに，出版社のドナルド・チューブシング氏に感謝します。

はじめに

空が父でなく，大地が母でなく，
大地を踏みしめるすべての生きものや大地に根を張るすべての生きものが，
彼らの子どもでないとしたら
——ブラック・エルク

人の暮らしや営みは，地球と密接につながりあっています。野生のストロベリーをつみに出かけたり，寄せる波に足を取られながら波打ち際を歩くとき，私たちは地球にふれているのです。子どもの手のひらに蝶が止まったとき，私たちはその瞳の中に愛が育っているのを見ることでしょう。庭に咲く花々や果実が実をつけるとき，私たちは地球の贈り物に感謝することでしょう。樹液を採るために裏庭に植えたカエデの木が，孫たちのツリーハウスに使われるとき，私たちも地球とともに年輪を重ねているのです。

この本は，地球と手をたずさえた暮らしに私たちを誘う活動やお話を集めたものです。それぞれの章で，「愛」「信頼」「育む」「成長」「和解」といった地球と手をたずさえて暮らすための５つのコンセプトを探っていきます。おはなしでは，地球と暮らす人々のさまざまな手法をわかちあっていきます。活動紹介や「その他の活動」「資料」は，自宅や仕事場での実践に役立つことでしょう。

私たちは地球との恋に落ちてしまったのです。生涯の約束を果たすための知恵や喜び，驚きに満ちた生命のつながり，地球の神秘と日々の表情……こういったことに共感しながら，地球と一体となって暮らしてみましょう。

日本の読者のみなさんへ

〈センス・オブ・ワンダー〉から地球との絆を結ぶために

本書『もっと！子どもが地球を愛するために』は，『子どもが地球を愛するために』(1996年) の続編です。

『子どもが地球を愛するために』は，レイチェル・カーソンの〈センス・オブ・ワンダー〉からヒントを得た〈センス・オブ・ワンダー〉サークルと著者たちが呼ぶ，学びの流れ（教育手法）に基づいて書かれていました。まだお読みでない方のためにおさらいとして紹介しますと，自然体験活動を実践するには「好奇心」がまず大切なんだというところから始まります。子どもたちは好奇心を持って自然界を探検するなかで様々な発見をし，自らが発見したものを誰かに聞いてもらい，わかちあい，共感してもらいたいものなのです。この好奇心から始まる探検，発見，わかちあいというそれぞれの体験を繰り返しているうちに，地球や自然をかけがえのないものとして大切にしたい，という情熱的な気持ちがわき起こってくるというものです。単に，子どもたちに地球や自然を大切にすることを押しつけるのではなく，自らの好奇心から行動を起こした体験に基づいて感じたことを，誰かとわかちあい，共感することが大切なのです。そして，この「好奇心」「探検」「発見」「わかちあい」「情熱」という一つひとつのテーマに沿いながら，具体的な手法を紹介したのが前作でした。

このようにして芽生えた地球に対する情熱を，さらに育み，発展させるために，地球と手をたずさえた暮らしをしようというのが本書のテーマです。

いったい，“地球と手をたずさえた暮らし“とはどのようなものでしょう？ 著者は，私たち家族が寄り添って生活をともにするように，子どもたちが地球と手をたずさえて暮らしていくために大切な５つのキーワードを提案しています。それが，各章のタイトルともなっている「愛」「信頼」「育む」「成長」「和解」です。私たちが，人と接するように，地球にも接することが大切なのだというメッセージなのです。

〈センス・オブ・ワンダー〉サークルと体験学習法

〈センス・オブ・ワンダーサークル〉として紹介されている学び方は，体験を学びにつなげる一つのテクニックとして実践されている「体験学習法」と非常によく似てます。子どもたちの教育を語るとき，体験が必要なのだとよく言われます。しかし，やりっぱなしの体験ということもよく見かけます。体験が学びにつながるようにデザインされていなければ，子どもの成長の糧になる体験とはいうことができないでしょう。体験するということには，体験したことを学ぶことと，体験から学ぶこととの２つの学びがあります。しかし今，体験学習として行なわれていることには，あまりにも前者が多いように思われます。体験をするということは，何がしか心が動かされるものです。その心の動き，気づきからも人は多くのことを学んでいきます。むしろ，このような学びの方が大切なのです。そのために，誰かの力，両親や学校の先生，友達が必要です。その「誰か」のことをレイチェルは『センス・オブ・ワンダー』の中で「子どもたちが発見したものに共感する一人の大人が必要なんです。」と書きました。

誰かが，自分が感じたことを聞いてくれ，共感してくれるとき，これほど気持ちのいいことはないですよね。それは単に気持ちよいというだけではありません。小さな子どもにとっては，このような繰り返しから自分自身に自信を持ち，〈セルフエスティーム〉といわれるような自尊感情をも養うことができるのです。知識や能力を身につけるだけではなく，自分の感じたことを自覚し，自信を持ち，人とのコミュニケーションを身につけ，社会との関係性を育んでいくことこそが，「生きる力」の源泉になるでしょう。

自然体験活動とは，単に自然をフィールドとするだけではなく，自然とのつながりを心身ともに取り戻し，共感し，人間の暮らしに欠かせないものとして大切にする，そういった価値観を養うことを目的とした活動だと，私自身は理解しています

日常の「今，ここ」に心をときめかす

『もっと！子どもが地球を愛するために』では，地球とのパートナーシップの具体的な方法を紹介しています。そして，５つのテーマに基づく15のセ

クションがありますが，その中にもいくつかの要素があるようです。

その一つは，普段の生活の中で，毎日繰り返される自然の営みに目を向けることです。これは，レイチェルも「見ようと思えばほとんど毎晩見ることができるために，おそらくは一度も見ることがないのです。」と，『センス・オブ・ワンダー』で書いているように，何気なく見ている日々の自然の営みには，同じものは二度とはなく，その時々の一瞬一瞬に心を向けることが重要なのです。「今，ここ」を大切にすること，ともいえます。

二つ目は，儀式です。この本の中では，北米先住民のパオワウ祭が紹介されています。このことでいえば，私たち日本人も同じように，さまざまなお祭りや儀式を通して自然に生かされている，いいかえれば，地球とのパートナーシップを意識化する仕組みを持っていました。祭りや儀式は，単に年中行事のイベントではなく，自然に感謝すると同時に，自然とつながっていることを実感する機会でもあったのです。

地球との一体感を取り戻した暮らし方

この本の「おはなし」の中で取り上げられている内容そのものは，取り立てて珍しいものではないでしょう。だからこそ，もう一度目を向けてほしいのです。日常のふつうの出来事に目を向けることほど難しいものはありません。レイチェルは普段の自然の営みに目を向ければすぐそこに，自然に対するセンス・オブ・ワンダーが隠れていると書いています。

しかし，ここで私たちの暮らす日本に目を向けてみると，こういったことは少し前までは当たり前にしていたことばかりかもしれません。自然を取り込み，一体となって暮らしていた私たち日本人の文化を思い返せば，何ら珍しいことではないでしょう。季節ごとの節句の行事や祭りは，私たちがややもすると日常の生活の中で忘れてしまいがちな「自然に目を向け，意識化する」気持ちを思い出させる役割を果たしていたと思われます。

ところが皮肉なもので，環境を感じ，理解するための多くの仕掛けが，今ではアメリカから取り入れられています。本書もその一つでしょう。アメリカという国を新たに作っている人たちは，一生懸命になって自然との関係を結ぶ仕組みを作ってきていて，自然との関係を置き去りにしてしまった私たち日本人が，それを学ばなければならなくなっているのが現状かもしれません。自然体験活動といわれるようなものも，今までは何もしなくても子どもたちのあいだで代々受け継がれてきていたのが，あえてプログラムとして実施しなければならなくなっているのです。家族やコミュニティーでの大人とのつきあい，異年齢の子どもたち同士の遊び。まさに，体験を通した学び（成長の糧となる学び）が自然とできる状況が普通にあったのです。自然の中で自分自身の感情に気づき，人との関係を取り戻しながら，対象とする自然やコミュニティーを大切にする。今こそ，「地域でのつながりを大切にした行動を実践しながら，地球を大切にする気持ちを忘れない」ことが求められているのでしょう。

この本は，自然体験や環境を考える活動を通じて，子どもたちが自然とのつながりを築けるようデザインされています。皆さんも一緒になって，地球との一体感を取り戻し，地球と手をたずさえた暮らしをめざしてみませんか。

山本　幹彦

More Teaching Kids to  Love the Earth

目　次

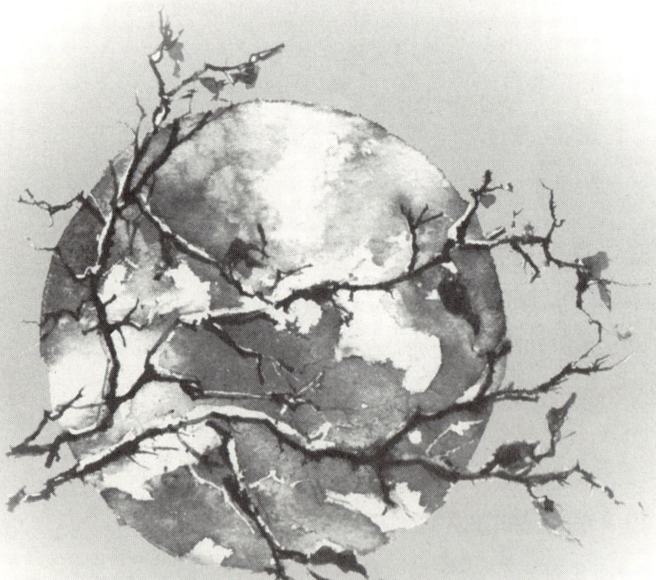

愛 Love

愛は二人の経験の積み重ねと感情のやりとりによって，二つの生命を結びつけます。愛は生命を吹き込み，二人をつなげ，癒しあいながらお互いを高め，二人を結びつけてくれるのです。愛は二人の呼びかけあう力を生み出すのです。

この章では，生涯にわたって地球への愛を育み続けていくためのおはなしや活動が紹介されています。地球を楽しむ何かを見つけ，体験してみてください。地球の声に耳を傾け，地球の心を感じてみてください。地球との親しい関係を取り戻せば，地球を身近に引き寄せられ，さらに経験を積み重ねていけば，きっとロマンスも起こってくることでしょう。私たち一人ひとりの探検や発見の瞬間は，喜びに満ちた思い出となっていくのです。

地球と一体となって，親しく暮らしていきましょう。

Love

地球と
心から
わかりあう

ロマンス

お魚たちに心惹かれる人もいれば，川や湖や海に情熱を傾けたり，木や植物，花々を慈(いつく)しむ人たちもいます。

地球への愛というのは，恋人たちがお互いを，親が子どもを，親しい友人どうしが互いを思いやるように，自然とわき起こってくるものです。このような自然とわき起こってくる愛情と同じで，地球とのつながりを育むということは，そんなに難しいことではないのです。

この章で紹介するおはなしは，オーブリーじいさんがはじめて地球に愛を感じたときの話を孫に語りかけている場面です。

お魚の話

オーブリー・スローンは，幹線道路から脇道にそれると小さな石橋の近くで車をとめた。ピックアップトラックの中からは，孫娘の声が聞こえてきた。

「おじいちゃん。ここじゃないよ。」サリーは身をのり出し，後ろのシートに座っている弟のジェフに目をやり声をかけた。「去年もその前の年も，クロスカントリースキーの人たちが使う丘の向こうの駐車場に車をとめたじゃない。」

オーブリーはトラックのドアを開け，孫娘に微笑みかけた。「これは古い道で，これから木を植えに行く所へ通じているんだよ，サリー。」じいさんは荷台から鋤を取り出し，ジェフにわたした。「ここ 2 年使っていた道は，スキー客用にフォレストサービス〔森林管理局〕が作ったものなんだ。でも，これからハイキングする道は，そこへ通じる唯一の道として長いあいだ使われてきたんだ。」そう言いながらサリーにお弁当包みを手わたすと，リンゴの苗が植わった鉢を取ろうと手を伸ばした。

朝の身の引き締まるような冷気は，10月の強い日差しに暖められようとしていた。オーブリーは，目の前の丘の頂上を目指して歩き始めた。「あの丘の頂上まで行くぞ。そこからは，私のあとをついておいで。」

サリーはジェフとおじいちゃんの横を駆け足で追い越した。

「おじいちゃん，どうしてそんなに遠くまで植えに行かなきゃならないの？」ジェフは長い道のりを，ずっとこの鋤を持たなければならないことが不満だった。

「ジェフ，どこへだって木は植えられるよね。だが，昔のプライブラ入植地にこの木を植えるってことは，私にとって特別な意味があるんだ。」とオーブリーは返事をした。

「そんなに遠い森の奥に，こんなにたくさんのリンゴの苗木を植えるなんて，なんだか頭がいかれているような気がするんだけど。」ジェフには理解できなかった。「誰もそんなに遠くまでリンゴを食べに行ったりしないよ。」

二人は先に頂上に到着していたサリーに追いついた。「シカが食べるのよね。」サリーが答えた。「そうでしょ？　おじいちゃん。シカはリンゴを食べるのよね？」

「よく知っているじゃないか，サリー。シカやいろいろな動物たちが食べるんだ。そして，残ったリンゴは腐って土へと戻っていくんだよ。」オーブリーは尾根道を先頭を切って歩きだした。

「おじいちゃん，いつ頃からここに木を植え続けてるの？」ジェフはたずねた。「それに，どうしてなの？　どうして毎年こんなことしてるの？」

三人は別の尾根へと続く別れに出た。あたりには松やトウヒの木々が生い茂り，足元に広がる渓谷の景観を覆い隠していた。

オーブリーは分岐点の目印になっている２つの丸い岩の所まで来ると立ち止まった。そして，片方の岩の上に腰をかけジェフに答えた。「おまえのおばあちゃんが生きていた頃，結婚記念日に毎年プレゼント交換をしていたんだ。プレゼントは高価なものではなかったがね，交換することでお互いの愛を確め合っていたんだ。毎年，木を植えるというのも，それと似たようなものなんだよ。私は，地球への贈り物としてやっているんだ。そうすることで，自然の中にいることを愛し，地球が私に与えてくれた喜びすべてに対する感謝の気持ちを忘れないようにしているんだよ。この廃村となったプライブラの地を選んで木を植えているのは，地球との絆の大切さにわしがはじめて気がついたところだからなんだ。」

お話が大好きなサリーは，もっとお話をしてもらうためには今がチャンスだと思った。

「どんなことがあったの？　おじいちゃん。」もう一つの岩に寄りかかるように腰を下ろしながらサリーはお話をせがんだ。

「それは，10月の，そう，ちょうど魚釣りの季節が終わろうとしている頃だった。もう何年も前のな。」オーブリーじいさんは話し始めた。「わしは，入植地の下流にある浅瀬へ毎年恒例の釣旅出かけていたんだ。そこのマスは秋になるとどこより大きくなるように思えてな。」

「わしが釣りに行くのは日曜日だけだったんだ。あとの６日は，郵便配達として働いていたからね。でも，年に2回，釣りシーズンの始めと終わりにだけは，前の晩から荷物を積み込んで遠出をすることにしていたんだ。この2回の遠出には特に意味があって，切り離しては考えられないんだ。始めの遠出では新しい季節のきざしを祝い，終わりには過ぎ去った時や楽しかったことをふり返り，一つの季節が過ぎ去って，冬が到来する寂しさを感じていたんだ。」

「そうだ，ある秋の日のこと，わしはオハイオ州で作られた古くてひびの入った釣り竿と，フライがぎっしり詰まった箱を手にして出かけたんだ。夏のあいだ，魚というやつはカゲロウやバッタばかり食べておる。でも，秋になると，大きく育ったマスは小魚が大好物になるんだ。わしはトラックに道具一式を詰め込むと，弁当の準備にとりかかった。それは，わしのお決まりの弁当でな，レバーを燻製にしたソーセージのサンドウィッチとクラッカーにチェダーチーズ，それにリンゴとオレオクッキーじゃ。」

「あれえ，それなら今日のお昼と一緒だよ。」サリーは口をはさんだ。「じゃあ，ここにやって来るときはいつも同じものばかり食べてるの？」

「それが，楽しみの一つなんだよ。」とオーブリーは肩をすくめた。

「僕はレバーソーセージのサンドウィッチは好きじゃないんだ。」ジェフはしかめっ面をした。

オーブリーは話を続けた。「それはすばらしい朝だった。そして，今朝トラックをとめた橋から丘に上がった時と同じように，川には霧が立ちこめていた。夜の冷気が，暖かい川の水にふれて霧になったんだ。木々を越える霧の様子で，川の流れをたどれるだろう。太陽が霧を暖めて消し去ってしまうまで，まるで宙に浮いている川のように見えたんだ。丘の頂上からはプライブラ平原の始まりを示す川の湾曲まで見えたよ。」

「ちょうど，ここにやって来たときも，わしは腰を下ろした。ところでおまえたち，この山道はかつてこのあたりの主要道路だったことを知っておるかな？　どうだ？　この道は，かつてのフランボウトレイル〔たいまつ道〕で，ウィスコンシン州北部に住むインディアンたちの重要な移動ルートだったんだ。だから，この道を歩くとき，わしはオジブウェ族の一団に会えるかもしれないと胸が高鳴ってしまうんだよ。」

「その人たちは，まだこの道を使っているの？　おじいちゃん。」サリーは聞いてみた。

「わしらと同じように，レクリエーションのためだけにね，サリー。」オーブリーは微笑みながら話を続けた。

「あの日，川辺まで降りて行く途中，一人っきりではないような気がしたんだ。わしは何度も足を止め，耳をすましてみた。ときには後ろをふり返りもしたんだ。でも，誰もいなかった。だが，この森のこのあたりには，なにか特別な生命を感じたんだ。いまだにそう信じているんだよ。おまえたち，なにか感じないか？」オーブリーは立ち止まると，まるで何かが聞こえているかのようにあたりを見まわした。

「朽ちた建物の基礎の上に立って，魚の気配やふ化した小魚たちがないかと覗き込んで見た。目を凝らして川の中を見ているとおもしろいんだよ。はじめは，岩や水の流れ，岸辺といった目に映るものが見えるだろう。でも，そのうちに覆いがはずされたみたいに川が透明に思えてくるんだ。それまでとまったく変わらないのに，川底のところどころが姿を現してくるんだ。その形や流れ，水草，そして魚が見えてくるようになるんだよ。ときには30分も座っていることもあるんだ。今日は木を植える前に，そこに立ち寄ってみることにしよう。」

「30分もかからないといいのにな。」とジェフは答えた。

オーブリーは笑いながら続けた。「わしは，ときたま向こう岸の草の茂みの中から泳ぎ出てくる40センチほどのマスに目をつけた。最初に目にしたのは，そいつが川底の太陽の光に照らされているところをさっと横切ったときだった。太陽の光は，２つの大きな御影石の向こうから射していたんだ。それで，わしはその２つの岩を合わせるとキツネの胴体のように見えることに気づいたんだ。そのとき，その魚が目に飛び込んできたかと思うと，姿を確かめる間もなく泳ぎ去ってしまったんだ。わしは，静かに立って，ちょうどそのキツネ岩の向こう，対岸の影をのぞき込んだ。すると，そいつはそこにいた。何かごちそうを食べとった。」

「小魚のハヤの群は，そいつから２メートルほど上流の小さな流れの中にいたんだ。君たちも見たことのあるやつで，小さくて黒くてでかい頭をした魚だよ。川の流れととけ合って，まるでそよいでいる黒い雲のようだった。時折，その雲の端にいる魚の群れは本流に流され，２つか３つの群に分かれて，流れにのみ込まれまいと下流で懸命に泳いでいた。そこに，さっきのマスがやって来て，ハヤを狙いだしたんだ。」

「わしは鹿の毛で作ったハヤそっくりのフライをラインにむすびつけた。真っ青な空を背にしていたので，腰を低くして川の中に入っていった。影が映るとすぐに見つかってしまうからな。マスから14メートルほど離れた川の流れのちょうど真ん中に立ち，すばやくその魚の上流からフライを投げ入れた。流されそうになっているハヤの群れをめがけてな。フライは，水面に覆いかぶさるように咲いていたヨモギギクに吸い込まれたようだった。」

「ひっかかってしまったんだ。ラインを切ってしまうか，それとも草の後ろにまわり込んで糸をゆるめてはずすか，それ以外に方法はなかった。でも，どちらにしても，魚に勘づかれることは確実だった。いったいどうしたらいいと思う？」

「こんなことはよくあることで，驚くようなことでもない。わしは，近くの浅瀬に顔を出している岩を見つけ，腰をかけた。そして，じっくり考え，いい考えが浮かぶのを待つことにしたんだ。」

「わしのフライのラインは，対岸の空地との間にかかる吊橋のようだった。川音に耳を傾けているうちに，ピンチに立たされていることをすっかり忘れてしまっていた。そうしているうちに，種類の違う少なくとも３つの音が聞こえてきた。静かにブクブクと泡立つような音，岩が水の流れを阻むシューという音，そして，川のどこからかゴロゴロという音がした。それは，今までに聞いたことのない，低くどっしりとした，そうだな，太鼓を叩いているような音だった。その音はリズムを刻んでいたが，捉えきれなかった。はじめのうちはリズムをつかもうとしたんだが，ただ耳をすませることにした。一つひとつの違った音に耳を傾けていると，そのうちに一つになっていったんだ。」

「わしはあたりに目をやった。すると，渓谷の艶やかな紅葉が目に入ってきたんだ。川は太陽の光を銀色に反射し，日陰のところでは暗く，川幅いっぱいにゆったりと流れていた。」

「それで，ラインを外す方法はわかったの？　おじいちゃん。」サリーは口をはさんだ。

オーブリーは腰を上げ，川の話を続けた「そのとき，魚なんてどうでもいいじゃないかって思えたんだよ，サリー。わしの釣糸は，今まで追い求めていた地球を釣り上げているんだと気づいたんだ。わしがここ数年愛していたのは釣りではなく，地球だったってことに。地球を愛していたんだよ。」

ジェフは顔を上げてたずねた。「その魚はどうなったの？　捕まえたの？」

「わしが立ち上がった瞬間，魚は驚いて逃げていってしまったよ。それで，ラインを切って家路についたんだ。さあ，一緒にこの木を植えに行くぞ。」

地球ロマン派になろう

目　的：地球を愛する気持ちを誰かとわかちあい，一緒になって地球への贈り物をする。

参加者：幼稚園から小学校低学年，家族，成人グループ。

場　所：森や木のある場所，庭園や裏庭など。

道　具：地球のお話，鋤，苗木

進め方：あなたが地球に愛を感じたときのことを思い出してください。それは子どもの頃の思い出かもしれませんし，つい最近のことかもしれませんね。それは，どんなことをしていた時でしょう？　どんな感じでしたか？　美しかった？　うれしかった？　穏やかな気持ちだった？

その時の思い出を子どもや友だち，もしくは家族の誰かとわかちあってみましょう。そして，相手の方の経験を引き出し，あなたもよく似た経験を話してみましょう。

地球への愛の気持ちを表す贈り物を考え，その人にも一緒に贈るように誘ってみましょう。

この章のお話の中で，おじいさんは地球への贈り物として，毎年１本づつ木を植え続けました。もし，あなたも同じように木を植えようと思われたなら，その木を育てるために以下の説明を役立ててください。

木の種類によっても違いますが，春と秋は植付けにふさわしい季節です。種や苗を植えるためには，鋤を使って地面に穴を掘り，土を準備します。下草は丁寧に取り除いてください。そして，掘り出した土にピート，有機肥料，堆肥を混ぜ込みます。そうすれば，木の成長に必要なミネラルたっぷりの土が出来上がります。この土は穴の横に置いておき，穴には水をたっぷりやります。そのあとで，木をその穴の中に入れてください。苗木のまわりに土を戻し，やさしく固め，根元には先ほどの下草を戻して水をたっぷりかけてあげましょう。もし，乾燥した天気が続くようなら，移植してから数週間は水をやり続けてください。これらのことを守れば，苗木は大きく育つことでしょう。

地球ロマン派になるためのその他の活動

1．ヨチヨチ歩きの子どもが花や虫，カエルと戯れる後ろをつけてみましょう。子どもが自然の世界に向ける愛や喜びを，あなたの中にも呼び覚ましてください。そして，あなたの中にあるこのような世界を探検してみましょう。あなたの心にとまるものだけに気持ちを集中させてみてください。感情たっぷりに表現してみましょう。

2．あなたのまわりに広がる世界に目を向けてみましょう。鳥や虫，動物，魚は見つかりますか。くわしく調べるために，そのなかの一つを取りあげてみましょう。じっくりと見つめ，本で調べてみます。そして，その生きものに関する家族一の専門家になってしまいましょう。あなたが発見した“不思議”をわかちあってください。

3．あなたの内に潜む地球への情熱を見つけてみましょう。四季を通して，さまざまな野外活動をやってみて，そのなかから気に入ったものを一つ選んでみてください。次の年，お気に入りの活動に熱中してみましょう。それがガーデニングなら，プランニングから始め，種を注文し，苗を育て，支柱を取りつけたり，春には土を耕し，木を植え，草取りをしたり，収穫したりと月ごとに熱中するような事柄を計画してみます。熱意を一年中絶やさないように。

4．あなたがワクワクするような特別な場所へ誰かを連れて行き，どうしてそこが特別なのか聞いてもらいましょう。

5．バードウォッチング，魚釣り，ハンティング，ガーデニング，ボート，ベリー摘みといったものかもしれませんが，誰かに地球を愛する気持ちを話してもらいましょう。いつ頃，その活動を始めたのでしょう？　そのときに，何か決まりごとやしきたりなどはありますか？　特に注意して観察する時期は？　といったことを聞いてみましょう。

6．毎年，４月22日のアースデーには，地球への贈り物を捧げて祝いましょう。たとえば，環境保護団体に寄付をしたり，庭に花や潅木を植えたり，鳥の巣箱を作ってみるというのはどうでしょう。

7．あなただけの個人的なアースデーを祝ってみましょう。はじめての魚釣り，はじめてのキャンプ，はじめて野生動物を見た日といったように。

8．あなたの地球へのロマンスを高めてくれる団体に加入しましょう。たとえば，日本野鳥の会，日本自然保護協会，WWF ジャパン，ネイチャーコンサバンシーなどがあります。

知っていましたか？

地球には生命があり，私たちの隣人だということが，さまざまな文化で考えられているのをご存知ですか？

この章のお話の中に登場するおじいさんのオーブリー・スローンは地球と親しくなることを楽しみ，そしてその喜びを孫たちとわかちあうことで地球との関係を祝いました。

地球と親しくなるという考え方は古代からあります。たとえば，ギリシア哲学は地球は生きていると説きました。ギリシア神話によれば，地球の女神ガイアは偉大な黒い鳥ニェクス（夜の女神）の卵から生まれたとされています。金色の羽を持つエロス（恋愛の神）が卵の殻から現れたとき，その殻が二つに割れて空（オウラノス）と大地（ガイア）になったと言い伝えられています。

12世紀の商人の息子アッシジのフランシスコは，自然界にまつわる美や神秘に魅了されていました。彼はすべての生きものを尊重するシンプルなライフスタイルを尊重する禁欲運動を起こしたのです。彼とその弟子たちは太陽を兄，月を姉と呼んでいました。

19世紀の作家の多くは，人間は自然から切り離された存在ではなく，自然の一部であると信じ，人間たちは自然との関わりを取り戻す必要があると考えました。このような作家たちが，情熱的な生き方，思想，冒険，美に価値をおくロマン派運動を支えていたのです。彼らは，感じることは知ることよりも大切だと信じていました。

イギリスの作家ウィリアム・ワーズワースは，人間は書物から学ぶよりも自然と親しく交わることで学ぶことの方が多いと信じていました。その他の作家もまた自然との調和は，善と真実の源であると信じていました。エマーソン，バローズ，ソローといった自然文学者たちは作品を通して，自然界への感謝の気持ちや関心を語りかけ，愛や思いやりといった感情は自然界にその源があるという信念を伝えました。

北米先住民もまた，足下に広がる大地，空，水と同様に，人間は地球上のあらゆる生きものとつながっていると説き，今も子どもたちへと語り継いでいます。1850年代半ば，連邦政府は北西部の先住民たちの土地の買収を企てました。その申し出に対して酋長シアトルは，地球との密接な関係について，いまだに人々に感銘を与える言葉を残しています。

父は，わたしにこういって聞かせた。「わたしは知っているよ，木々の樹液のことを，血管を流れる自分の血を知っているようにな。わたしらは大地の一部だし，大地はわたしらの一部なのだ。いいにおいのするあの花たちは，わたしらの姉妹なのだ。クマ，シカ，大ワシ，あれはわたしらの兄弟だよ。岩山の峰，草原，ポニー，みんな，同じ家族なのだ。」遠い祖先たちの声は，わたしにこう語った。「小川や大川のきらめき流れて行く水は，ただの水ではない，おまえの祖父のまた祖父たちの血でもある。……川はわれらの兄弟。……おまえも川にやさしくあれよ，兄弟たちにやさしくあるのと同じように。」

1975年，著名な地球物理学者であるジェイムズ・ラヴロックが，地球を「命あるもの」と呼ぶギリシアの哲学者やアッシジのフランシスコ，ソロー，酋長シアトルたちの伝統に加わりました。新しい「生きた地球」説を主張するガイア仮説を「ニュー・サイエンティスト」誌に発表しました。この仮説では，有機物が生きていく物質的条件のバランスを保つ能力こそが，生きもののもっとも重要な特徴であると述べています。地球上のさまざまなシステムや物質循環の評価に基づいて，科学者たちは地球を有機生命体として理解するための新しい見識をもたらしたのです。

昔から，私たち人間は地球が自分たちの家族の一員であると知っていて，地球を家族や友人として敬ってきました。そう理解したとき，愛や思いやりの心が育つのは自然なことだったのです。

資　料

『ブラザー イーグル，シスター スカイ—酋長シアトルからのメッセージ』スーザン・ジェファーズ絵　徳岡久生・中西敏夫訳　JULA出版局　1996
『地球生命圏：ガイアの科学』J.E.ラヴロック著　スワミ・プレム・プラブッダ訳　工作舎　1984
『聖なる場所——地球の呼び声』ジェイムズ・スワン著　葛西賢太訳　春秋社　1996
『子どもが地球を愛するために』マリナ・ラチェッキ・ハーマンほか著　山本幹彦監訳　人文書院　1999
『アユの博物誌』川那部浩哉著　桜井淳史写真　平凡社　1982

Love

地球と
心から
わかりあう

耳を傾ける

地球で暮らすには，地球の声に耳を傾けなければなりません。地球はいつでもいろいろな方法で，いろいろな場所で，私たちに語りかけてきているのです。耳をすませば，生活の変化に気づき，地球との絆を深めることだってできるのです。地球の叫び声を耳にして，行動を起こすことだってできるのです。また，小川のせせらぎやアビの笑い声は，私たちに喜びを与えてくれることでしょう。

地球はさまざまな風情や調子で語りかけてきます。嵐の時にはうなるように，雪の日にはささやくように。

この「ひとひらの雪」では，地球のささやきに，ロブは立ち止まり耳を傾けます。

ひとひらの雪

雪が降り始めたとき，ロブは窓のない部屋の中にいた。彼は，会議用のテーブルの中ほどを見つめていた。この日は，4つ並んだテーブルの2つ目に座ることになっていた。この会議は，2つの社会福祉事業会社が合併する可能性を話し合うもので，彼は一方の会社の代表だった。話し合いは張り詰めた雰囲気の中で進められた。彼のスケジュールは詰まっていて，街の反対側で行われる次の会議まで20分ほどしかなかった。ビルを出たときには，雪が降っていることさえ気がつかないほど急いでいた。

ロブが駐車場までやって来ると，急いでいるのは自分だけではないことがわかった。会議で一緒だった三人も出かけるところだった。最後の人に手を振り終えると，自分の車のヘッドライトがかすかに灯っているのに気づいた。まだ暗いうちに家を出て，ここに着いたときには明るくなっていたので，ヘッドライトがつけ放しだったことに気づかなかったようだ。

ロブは車のキーを回してみた。エンジンははじめのうちうなり声をあげたものの，そのうちにカチカチという音だけになってしまった。ロブは歩いてビルに戻り，レッカー車の手配をすませると，車に戻って助けが来るのを待つことにした。5センチほども積もった車の雪を払いのけ，駐車場の端へと歩いた。車道と歩道を隔てる低いガードレールの雪を払いのけ，近くを走る高速道路を向いて腰をかけた。ここなら，レッカー車が高速道路の出口に差しかかったらすぐに合図をすることができる。

雪はまっすぐに降っていた。ロブは降り積もった雪であたりが一様に白くなっていくことに気づいた。道も，駐車場も，近くの教会の屋根も真っ白になった。そして，降りしきる雪の不規則な真白いパターンを見比べた。

近くを車が通っても，いつもより静かなのにはっとした。雪がすべての音を包み込んでいた。車が見えなくなっても，耳をすまし続けていると，雪の一つひとつの結晶が地面に降り落ちる音さえも聞こえるのではないかと思えた。耳を傾けてみると，やさしく，包み込むような静けさだった。

今年もまた静かな冬がやってきた。
　雪の一片一片が少しずつ大きくなってきたので，ロブは地面に落ちるようすを観察し始めた。雪のひとひらはただ落ちてくるのではなく，まるで，引力に抵抗しながら狙ったところにゆっくりと着地をしようと，わざと宙に浮いているように見えた。そして，やがてそっと地面に落ちた。ロブは，雪のひとひらがコインほどの大きさに見えるようになるまで近づいて見た。
　頭を上げ，目を細めると，まるで自分が白い結晶となって宙に浮いているような気がした。
　それから目を閉じ，頬に落ちる雪を感じてみた。はじめは，ちょっとチクリとし，すぐに頬を濡らした。舌を突き出してみると，ひんやりして乾いた感じがした。
　ロブは子どもの頃，よくズボンがカチンカチンに凍るまで雪の中で遊んだことを思い出した。雪だるまや雪合戦，いとこの家で 3 日間も雪に閉じこめられたこと。
　しばらくぶりに静かな時間を過ごし，幸せな気持ちになった。雪は彼に語りかけ，彼はその声に耳を傾けた。

地球の声に耳を傾けてみよう

目　的：地球があなたに話しかけてくる声に耳を傾けてみましょう。

参加者：年齢は関係ありません。

場　所：野外で安全に腰を下ろせる場所。

道　具：紙と筆記用具。

進め方：外に出かける前に，「目」，「耳」，「鼻」，「口」，「肌」，「体」，「感想」，「メッセージ」という言葉を左端に書いたワークシートを用意します。
お互いがそれほど離れないように静かに座って数分を過ごします。そのまま，それぞれの感覚へと意識を集中させていきます。目や鼻，肌を通して地球は私たちに何を語りかけてきているでしょう？　もしかしたら「ここは寒すぎるから部屋の中に入りなさい」といったやさしいメッセージを伝えてくれるかもしれません。
感覚が研ぎ澄まされてきたら，感じたことを記録しておくように指示しておきます。地球がどのような感じで話しかけているのかを想像し，この日の地球からの特別なメッセージを記録するのです。
全員が集まり，お互いが感じとった地球の気配やメッセージを発表し合います。地球は私たちに何か伝えてくれましたか？　この活動を同じ場所で３日間繰り返し，一日一日感じたことを比べてみましょう。同じ音を耳にしましたか？　それとも，地球は違うメッセージを伝えてきましたか？　さまざまな地球の声は聞こえましたか？

地球の声を聞くその他の活動

1．家族や友だちを公園に連れて行きます。二人組になり，交代で目隠しをします。何ヵ所かへ移動して，何が聞こえてくるのか耳をすましてみましょう。４つから５つの違った音を聞き分けるまで続けます。グループのメンバーと一緒に，あなたの探検したことをわかちあってみましょう。この活動を，ご自宅の庭や野原，森でもやってみましょう。毎週何度かは，この「音探し」をやってみませんか？

2．きき耳探偵になってみましょう。テープレコーダーを外に持ち出して15分ほど録音したら，そのテープを聞いてみましょう。あなたが録音していたときには気づかなかった音が入っていませんか？　普段，私たちの耳は音を選り分けて聞いているのです。

3．昔から行なわれている実験をやってみましょう。雷鳴がとどろき，稲妻が走る嵐の日，ストップウォッチか秒針のついた腕時計を持って窓辺から外を眺めてみましょう。稲光が見えた瞬間から，雷が鳴り終わるまでの時間をはかります。その秒数を３で割った数字が，雷が鳴った場所までのおよその距離（キロ）です。

4．季節っていったい何だと思いますか？　植物や動物たちの行動はどのようでしょう？　それぞれの季節の様子はどうでしょう？　今年の季節の様子やあなたの人生の節々を思い起こしてみましょう。

5．近所の人にその地域の天気のパターンや特異な天候についてたずねてみてください。「毎日，お昼の12時半から午後１時の間に風向きが変わる」とか「月のまわりに暈（かさ）がかかっていると24時間以内に雨が降る」などといったことを教えてくれるかもしれませんね。あなたが暮らしている地域のこのような兆候をリストにし，その予報がどの程度正確なのか，１年を通して調べてみましょう。

6．天気の変化を調べるために，自家用の気象台を作ってみましょう。装置は屋内・屋外温度計，雨量計，気圧計，風向計，風力計，そしてそれらのデータを記録する記録簿です。

7．地球の音楽に耳を傾けてみましょう。森を歩きながら，弦楽器，管楽器，ドラムやハープを連想させる鳥や動物，虫の鳴き声を聞き分けられますか？

8．「フクロウの耳ゲーム」をしてみましょう。フクロウは目と耳の両方を使って獲物をねらいます。グループの中からネズミ役を一人選び，チューチューと鳴き真似をしてもらいます。二人にフクロウの耳役になってもらいます。二人とも目隠しをして，一人は立ったままで，もう一人はその人の横に椅子を置いて座ります。これは，フクロウの耳の配置を真似ているのです。ゲームは，ネズミ役がチューチューと鳴き，目隠ししたフクロウ役の二人がその音の発信地を当てるというものです。

9．家族旅行に出かけた先で耳にする音に注意してください。家では聞いたことのない音があったらリストを作ってみましょう。

10. 動物の名前当てごっこをしてみましょう。子どもたちが丸く輪になります。一人ずつ順番に動物か鳥の鳴き声を真似し，ほかのメンバーがその名前を当てっこします。

知っていましたか？

聴覚の鋭い動物の多くは大きな耳をしていることを知っていましたか？ ロブは忙しい１日の最中，ふと立ち止まり，降りしきる雪の静けさに耳を傾け，シカや野ネズミやウサギのように，まわりの世界を耳で体験したのです。人間にはそれほど大きな耳がついているわけではありませんが，感覚を研ぎ澄まして耳を傾ければ，私たちを取りまく世界を知ることができるのです。

間近で犬を観察してみると，音のする方へ耳を向けていることに気がつくでしょう。人間には耳を動かす筋肉が１本しかありませんが，犬には17本もあります。聴覚に頼って命を守っている動物もたくさんいます。聴覚は，動物たちにとってもっとも大切な感覚なのです。

それでは，耳の働きはどうなっているのでしょう？　外耳は音を集め，鼓膜を振動させます。中耳がその振動を増幅させ，内耳がそれを受け取り，メッセージとして脳へと送ります。人間の聴覚はそれほど鋭くはありませんが，さまざまな増幅機能が発達しているのでうまく聞き取ることができるのです。

地震学者は地球の声を聞く専門家と呼ばれています。彼らは地球の内部の震動をさまざまな精巧な道具を駆使して探ります。地震計は初歩的な道具で，アジアから南アメリカ，ヨーロッパ，そしてアメリカ合衆国にいたる世界中に設置されています。計器は非常に繊細で，地球の動きを針で紙に線として表示していきます。揺れがないときはまっすぐな線，ゆれ始めると波線となり，揺れが大きければその波線は大きな動きとなって表示されます。1955年にアメリカの地震学者チャールズ・F・リヒターによって作成された基準によって計測されています。

動物は音を聞き分け，読み解きます。近くに天敵はいないか？　隠れたほうがよいだろうか？

同じように，地震学者は地震計のデータから読み取ります。今までのパターンと新たな記録を比較し，震源近くに住む人々に避難勧告を出します。

北米先住民は身を守るためだけではなく，自らを高めるために地球の声に耳を傾けることを学びました。何時間も森や川のほとりや山の中で，自然を見つめ，耳をすましました。天候の法則性や動物の行動，植物の発育に注意を向けたのです。彼らはこの自然界のどの場所にも，人間への贈り物が潜んでいると信じていました。どんな植物も薬や食料となることを知っていました。彼らは感覚を最大限に利用し，自然界の声に耳を傾けることでこれらの使い道を見つけ出したのです。

動物の行動を熟知している彼らは，目の前を横切ったり飛んで行く動物には，何らかのメッセージが隠されていることを知っていました。動物たちがいつもとは違う行動を起こしたり，立ち止まり目が合ったときには，大いなる力によって何らかのメッセージが与えられたと信じていました。このメッセージを解読するため，何日も，ときには数週間も思いをめぐらし続けたのです。

個々の動物は何らかの象徴だとされています。鷹は未来の展望を，鷲は勇気を，アビは忠誠心を，熊は自己反省を，ムースは強さを，狼は守護神を，ビーバーはやりくり上手，チョウザメは深さを象徴しています。動物たちが伝えるメッセージを理解することで，先住民の人々は地球上に暮らす生きものとしての責任を担おうとしたのです。

資　料

『ネイチャーゲーム3　自然の声を聞く』ジョゼフ・B・コーネル著　ジョン・ヘンドリクソン写真　金坂留美子訳　柏書房　1992
『野生のうたが聞こえる』アルド・レオポルド著　新島義昭訳　講談社学術文庫　1997
『トラッカー』トム・ブラウン・ジュニア著　斉藤宗美訳　徳馬書店　2001
『木のうた』イエラ・マリ作　ほるぷ出版　1977
『トポフィリア』イーフー・トゥアン著　小野有五,阿部一訳　せりか書房　1992

Love

地球と
心から
わかりあう

祭 り

クリスマス，７月４日（独立記念日），感謝祭などといった祝日には家族や友人たちが集い，歴史的な出来事を祝います。人々はまた，誕生日やさまざまな記念日，卒業式といった自分たちが歩んできた特別な日々をも祝福します。

太古の昔から，人々は地球との結びつきをも祝ってきました。サンダンス〔太陽と結びついた宗教儀式〕や春分・秋分，夏至，収穫祭といった行事は，地球とともに暮らす私たちの生活のお祝いなのです。

パウワウ〔病気平穏，狩猟の成功などを祈るための儀式〕の人たちにならってみませんか。そして，一緒に楽しみ，地球を祝福しましょう。

パウワウ祭の人々

夕暮れの風がカカゴンの沼地にのびる水路にかすかな波を立てていた。イーライは長く黒い髪をなびかせながら，葦の間を吹き抜けていく風の音に耳を傾けていた。ワイルドライス〔マコモ＝イネ科の多年草〕の黒紫の実が，黒っぽく光る水の上でゆらゆらゆれていた。アニシナベの太古からの住みかの沼は静まりかえっていた。はるか昔，あるビジョン〔天啓〕がイーライの一族をこの土地に導いた。「水辺の肥沃な土地にたどりつくまで，絶えず日の沈む方角に向かって歩き続けるように」と告げられたのだ。

食料。カヌーを漕ぎながらもイーライの頭の中は食べ物のことでいっぱいだった。アルミのカヌーの側面を稲がこする「サアーッ」という音に，「ドン，ドン」という音が混じった。叔父のロニーはカヌーの船首でかがみ込み，一抱えの稲を引き抜いては，カヌーの上で押さえつけながらこん棒を振り下ろし，米粒を落とした。カヌーの床には，米粒が山のように積み上げられていった。「シュッ」と引き抜き，「ドシン」と叩く。そのたびに米粒はパラパラとカヌーの床に落ちた。

ロニーが叩くのをやめると，イーライはポールで湖の底を突き，グイッと力を入れ，もっとたわわに穂が実っている所へと向かった。これは年中行事の一つとなっていた。今日でもう10日目。イーライは疲れ，少し退屈し，この収穫の季節が終わるのが待ち遠しかった。もう少し。

今夜，この収穫を祝うためのパウワウ祭が始まる。イーライが一番楽しみにしている秋の行事だ。お祝いのごちそうやお客さん，音楽，イーライのような11歳の子どもにとっては単調に思えるようなことでも，この重労働のあとだからこそ価値を理解することができるのだ。母親のアサバンも今頃ごちそうの準備にてんやわんやだろう。あともう少し。シュッ，ガツン，パラパラ。シュッ，ガツン，パラパラ。

やっとロニーがふり向いた。「帰る時間だ。」今日１日で収穫したお米の山にもたれかかりながらイーライに微笑んだ。「さあ，パーティに行こう。」
イーライは岸に向かって力いっぱいカヌーを漕いだ。向こう岸から太鼓の低い音が響いてきた。人々は夏の終わりに集い，マノミン族の宝であるワイルドライスの収穫を祝うのだ。
家ではアサバンが，祝宴のためのコーンスープと揚げパン作りに追われていた。2人の幼い息子たちは，外でいとこたちと遊んでいる。アサバンの兄のロニーが，もうすぐ一番上の息子のイーライを連れて帰ってくるだろう。娘のシイーライルは自分の部屋でジングルドレス〔ベルがついたドレス〕に最後のリボンを縫いつけている。今夜，母親と一緒にパウワウ祭で踊るのだ。
アサバンはスープを火にかけたまま，着替え始めた。彼女は栗色のウールのドレスを指の間にはさむように持ち，縫い目を手でさすりながら，生地の優しい感触を楽しんだ。自分の存在を確かめるこんな瞬間は，大切な時間の一つだった。ドレスは一族の象徴である青いリボンと貝殻で飾られていて，熊の一族であり，植物を熟知する人々を意味していた。一族は植物のことならどんなことでも知っていた。アサバンは6年ものあいだ，根や樹皮や葉からつくる薬について学んでいた。彼女は，春の祭りや，一族の伝統や物語を語るために集うときなどにお年寄りの言葉に耳を傾けた。
アサバンは鈴で飾られた息子たちのアンクルバンドを束ねた。彼らも今夜のパウワウ祭で踊ることになっていた。彼女がドアの前に立って幼い息子たちを呼ぼうとしたちょうどそのとき，ロニーのトラックが家の路地に入ってきた。イーライが飛び降りると，ロニーは，「やあ！」と「またね！」のあいさつ代わりにクラクションを鳴らして走り去った。
「おじさんは忙しいんだって，母さん。」そう言いながら，イーライは母親の脇をすり抜け，家の中に走って入ってきた。「今夜，おじさんは太鼓を叩くらしいけど，もう始まっているんだって。」
「カール，ジャック，早くいらっしゃい！」アサバンは玄関から叫んだ。「太鼓の音が聞こえるわよ！」
数分後には，イーライ，アサバン，そして下の子どもたちの順に裏口から出かけていった。小さな森の小道を進んでいくと，パウワウ祭の会場となっている木陰が太鼓のグループで埋め尽くされているのが見えた。今夜は十組くらいだろうが，土曜日のパウワウ祭にはもっと多くのグループがやって来るだろう。

「お母さん，あれはバッド・リバーの太鼓グループかな？」カールはたずねた。

「そうね。このパウワウ祭ではいつでも最初に演奏するのよ。ロニーおじさんがいるはずよ，探してみなさい。」アサバンは下の二人の子どもに話しかけた。「おじさんはもう太鼓を叩いているに違いないわ。」

駐車場の横を通り過ぎながら，カールが赤い小型トラックを指差して言った。「見て！　サウスダコタのナンバーだ。ほかにも遠くから来ているのかな？」そう言うと，ジャックとカールはほかの州のナンバープレート探しに駐車場の中を競って走った。

ジャックが一番はじめに見つけた。「オンタリオ州だ！　ミネソタ州とミシガン州は近すぎるから数に入れちゃだめだぞ！」

ちょうどその二つの州のナンバープレートを見つけたカールは，「ウィスコンシン州じゃないんだから，数に入れたっていいんだ！」と言い返した。

アサバンは二人の幼い子どもたちのやりとりには耳を貸さず，パウワウにやって来る人々のことを考えていた。彼女はこのお祭りに集ってきた人たちのことをファミリーと呼んでいた。夏の週末，地球を祝してダンスを踊ったり，夏至の太陽や秋の収穫に感謝を捧げるためにやって来るのだ。

イーライとシイーライルがキャンプ場を歩いている間，子どもたちはテントの間を走り回っていた。100家族を越えるだろう人々が木陰に輪を描くように，テントやキャンピングカー，移動トレーラーを並べている。青い防水シートの屋根がキッチンだ。

イーライとシイーライルがその輪に近づいていくようすを見て，アサバンは肩を引き背筋をピンと伸ばしたイーライが少し大人っぽく見えるのに気づいた。ドン，ドーン，ドン。ドラマーたちがウォーミングアップを始め，歌い手の高い声が夜の空気を引きさいた。出番を待つドラマーたちは歌い手を囲むように集い，何人かは新しい歌を録音しようとテープレコーダーを手にしていた。一人があるフレーズを歌い始めると，コーラスがそのあとに続いた。

イーライはごちそうのにおいを思いっきり吸いこんだ。パウワウ祭の開幕を告げる踊りが始まるや，鈴や太鼓の音が鳴り響いた。腰ミノをつけた若い一人のダンサーは，ワシの模様が描かれた旗を手に持ち，なにかの骨で出来た盾を胸に下げていた。背中は羽のバッスル〔腰あて〕でおおわれている。一族の長老は伝統的な鹿皮のすねあてとシャツを身につけ，アメリカ合衆国の旗を持っていた。彼は第二次世界大戦の退役軍人で，開会式や祈りを捧げる時に自国の旗を手にしていることを誇りに思っていた。

一人の男がマイクの前に立った。ワシの羽根飾りを頭につけ，胸まで垂れ下がる青いリボンのついた赤いキャラコのシャツを着ていた。その男は部族の言葉でしゃべり始めた。アサバンと家族は彼の言葉に耳を傾けた。彼女はおばあさんからオジブウェ語を習っていたので，話の内容はだいたい理解できた。イーライとシイーライルには何を言っているのかわからなかったが，敬意を表し頭を下げた。それはあらゆるものへの祈りだった。地球やその創造主への祈り，今年の収穫への祈り，地球の美しさを称える祈り，すべての創造物とともにある未来への祈り。

太鼓の音が鳴り始めた。100人を超えるダンサーたちが旗に続き，ドラマーを囲うように男たちが先頭を歩いた。イーライもそのうちに男たちと一緒に踊ることになるが，今は母親やほかの女たちや子どもたちと一緒に歩いた。すべてのダンサーが歌に合わせて踊りだした。旗を地面に突き立てると，その場で円の中心を向いて踊った。彼らは太鼓のリズムに合わせてひざを屈伸させた。それは一族の鼓動であり，地球の鼓動と共振している自分たちの体の鼓動なのだ。

踊りの合間に，アサバンは古くからの友人と話をした。二人は会えなかった冬のあいだの出来事を話した。子どもたちはそんな大人の会話に退屈し，ほかの子どものところへ走っていった。再会，宴，そして踊りは夜を徹して続いた。

イーライはその場に突っ立ったまま，おじのロニーやドラマーたちの動きを見ていた。ロニーが腕を振る姿を見ながら，この10日間のことを思い出していた。シュッ，ガツン，パラパラ。彼にとってすべてが調和していた。お米は，これからやって来る冬の冷気のように，硬く鋭い音をたてながらカヌーの底に落ちた。太鼓の音は，イーライが足を踏ん張っているにもかかわらず，心と魂を踊りの輪の中に引き込んでいく。知り合いの人々，知らない地方から来た人々，ごちそう，羽，リボン，骨，貝。それらすべてがマノミン族の贈り物だった。イーライは長かった収穫の作業を思い出していた。それでも，今はもう来年が待ち遠しかった。

一人の歌声が夜空に響きわたった。その歌は彼の中で力強く響いていた。その声は踊り手たちを輪の中へ呼び戻した。衣装を着ていない人々も輪の中へ呼ばれた。ばちが太鼓を強く打ち，踊っている人々の心に響いた。

アサバンが静かに歌いだした。ほかの女たちも一緒に踊りながら歌った。誰かに向かって歌っているのではなく，地球とともに歌っていたのだ。太鼓のリズムに呼び覚まされた心の奥からの歌は，太鼓と響き合っていた。踊り手たちは太鼓のリズムにのって踊り，歌い手が彼らに歌いかけている。その歌はまるで水の上を駆け抜ける風のように，踊る人々の間を通り抜けた。アサバンにはもう観客の姿は目に入らなかった。隣にいる女や子どもの気配も感じていなかった。彼女の魂は地面から空へと舞い，なにか大きな存在の一部となっていたのだ。パウワウ祭の人々。アニシベ。地球上の命あるすべてのもの，そして創造主と。

地球を祝う

目　的：地球を祝う集まりに参加する。

参加者：家族や友人，お知り合いの方々。年齢に制限はありません。

場　所：どこか野外で。

道　具：お祭りの内容によって違いますが，たとえば野外での活動に適した服装，旬の食事，ゲームに使うものなど。

進め方：「知っていましたか？」と「資料」のところでも紹介されていますが，

世界中には地球を祝うさまざまなお祭りがあります。みなさんが住んでいる地域の新聞や観光協会などで，それぞれの民族のお祭りや先住民のパウワウ祭が開かれていないか調べてみましょう。

見つけたお祭りは，あなたが行ってみたいと思っていた国からやって来たものもあるでしょうし，あなたが受け継いでいる民族や地域社会のものもあるでしょう。もしかしたら，あなた自身で作り出すものかもしれません。

その祭りがいつから行なわれていて，何か言い伝えられていることがあるかどうかを調べてみましょう。地球のどのような出来事を祝っているのでしょう？　伝承や儀式，ゲームといったものは伝えられていますか？

もし自分で地球のお祭りを計画するのなら，お話や歌，演劇や人形劇を使ってみたり，儀式用に屋外で行なうゲームも考えておきましょう。この祭日にふさわしい食べ物，服装，飾り物や儀式のようなものも話し合ってみてください。

家族や友だち，近所の人たちを招いて，地球を祝ってみましょう。そして，喜びの気持ちを持って地球を祝しましょう。

地球を祝うその他の活動

1．バード・ベイラーの『祭りを司る者（I'm in Charge of Celebration）』を読んでください。何か珍しい自然界の出来事（三重虹，珍しい鳥の群れ，早い雪，庭で最初に咲くクロッカス）が起きたら，何日間か続けてそれを観察してみましょう。そして，それを祝うお祭りを計画してみませんか？　カレンダーに印をつけておき，次の年に同じものが見れないか観察します。それが，あなただけの特別な自然の祝日となるのです。

2．地球の生きものたちと一緒にクリスマスを祝ってみましょう。ヨーロッパの農民の習慣に倣って，立木にクランベリーやピーナツバターで飾った松ぼっくりやポップコーンで作ったリースを飾り，玄関には鳥たちのために小麦などの穀物を束ねて立てかけておきましょう。

3．地域で開催されるアースデーのお祭りに参加してみませんか。もし，4月22日のアースデーに何も催しがなければ，自分でお祭りを企ててみましょう。パレードや講演会，音楽会，食事会，儀式などはいかがですか？

4．近所の人たちと一緒にハロウィンパーティーを開きましょう。お客さんには動物か植物の仮装をしてくるように言っておきましょう。

5．新しい季節の到来には，友だちや家族を集めてお祝いを開いてみましょう。家の中をその季節を象徴するようなもの（落ち葉，雪の結晶，春の花，太陽）で飾りつけます。外へ出かけ，新しくやってきた季節を五感を通じて感じてみましょう。夏至の日には太陽が沈むのを眺め，立春の日の夜明けを待ってみましょう。

6．お庭でその年の最後にできた作物を収穫するとき，ご近所の方々を招待して収穫祭のパーティーを開きましょう。招待した人たちには，収穫物，集めたもの，捕まえたものなどを持ってきてもらうようにお願いしてみましょう。

7．魚釣りの解禁日や猟のシーズンの幕開けの日はお祝いすべき時です。スポーツとして楽しむだけでなく，受け取った恵みにも忘れず感謝しましょう。

8．子どもがはじめて雪を見て大喜びするように，あなたもその喜びにひたりましょう。ソリに乗ったり，雪で人の形を作ったり，雪合戦をしてみましょう。シャベルを使いたい誘惑に負けないように。

9．渡り鳥が帰ってくるのを歓迎しましょう。コマドリやカモをあなたがはじめて見つけた日と，同じ地域に住む友だちが見つけた日とを比べてみましょう。

10．世界中にあるよく似た祝いごとを探してみましょう（たとえばクリスマスや立春など)。

知っていましたか？

サンダンスや収穫祭が地球への祭り事だということを知っていましたか？地球を身近に感じている人々は，地球の恵みに生かされていることを理解し，地球からの贈り物を季節の祭りで祝い，奉ります。この章のお話に出てくるマノミン祭は，オジブウェ族の人々が地球の贈り物，ワイルドライスによって生かされていることに感謝する行事です。

忘れてはならない地球のお祭りが年に４回あります。春分と秋分（北半球では春分が３月21日，秋分が９月22日），そして夏至と冬至（北半球では夏至が６月22日，冬至が12月21日）です。春分と秋分は昼と夜が同じ長さの日であり，そのとき太陽は赤道の真上にあります。夏至とは太陽が北極点にもっとも近づいた時（北半球では夏），そして冬至とは太陽が北極点から一番遠くにある時（北半球では冬）のことです。地球と太陽の動きとによって起こる植物や動物の変化は，何世紀ものあいだ人々の関心の的であり，人間たちはそれらを祝い続けているのです。

春の訪れは，地球に暮らす人々がお祝いするお祭りの一つです。イギリスやドイツからアメリカへ移住した人々は，グラウンドホッグの奇妙な動きによって春の到来を予期しました。グラウンドホッグはまたの名をウッドチャックといい，リス科のなかでももっとも大きな仲間です。冬のあいだは，川岸の土手や藪におおわれた谷に掘った穴で過ごします。暖かくなってくると，グラウンドホッグたちは隠れ家から顔を出すようになります。「グラウンドホッグの日」と呼ばれる２月２日，太陽がさんさんと輝くと，グラウンドホッグは自分の影に驚いて，大急ぎで穴の中に引っ込んでしまいます。そうすると，冬はその後６週間も続き，春の訪れは春分に近い３月の終わりになってしまうといわれているのです。

イースターは地球上の生命が復活する日だともいわれています。キリスト教の祝日であり，そのシンボルは多産や再生を意味します。イースターという言葉は，ゲルマン民族の豊穣の女神エオスターに由来しています。誕生と復活を象徴する卵に色をつける慣わしは，実に多くの文化で見られます。北米先住民の一部やポリネシア，インド，イラン，インドネシア，ギリシャ，ラトビア，エストニア，フィンランドには，卵から地球が誕生したという創造神話が受け継がれています。冬のマユから誕生するチョウは，春に生まれる生命の象徴の一つです。エジプト人にとってウサギは多産と春の象徴であり，アメリカ人はイースターバニーを楽しみます。

チョウや卵やウサギだけが，人々が祝う自然の事柄ではありません。日本では，産卵のために上流へと泳ぎきる鯉の力強さと忍耐力を敬い，「子どもの日」と呼ばれる季節のお祭りを祝います。この５月初旬のお祭りには，大きく色鮮やかで優美な「鯉のぼり」が空を埋め尽くします。また，イスラエルでは「土地」という贈り物に感謝を表す植樹祭があります。子どもたちは町を鍬（くわ），鋤（すき），じょうろを持って行進したあと，近くの野原に木を植えます。アメリカにもよく似たお祭りとして，アーバーデー〔植樹の日〕があります。イランの国民の祝日である「ノルズ」は３月21日の春分の日に行なわれます。伝統にのっとり，各家庭では水の入ったボールの中に麦，セロリ，レンズ豆の種をまきます。発芽した種は陶器の容器やお皿に移され，新たな生命や成長の象徴として春のお祭りの期間中ずっと家の中で大切に育てられます。

文明が発達し，私たちのライフスタイルは日々の地球のリズムからかけ離れたものになってしまいました。それゆえに，祭りもまた地球に捧げるという意味合いが薄れ，人間中心的なものになってしまったようです。1970年４月22日にアメリカで開催された第１回アースデーでは，地球の祭典への関心を復活させようとしました。参加者が地球の美しさを喜び祝ったり，地球の抱える問題に気づくきっかけづくりとして，パレードや催し物が行なわれました。それから20年ほどの年月が経ち，伝統的な祝宴やお祭りに人気が集まりつつあります。今では世界各国でアースデーが開催されるようになりました。

みなさんも地球からもらった生命の贈り物を祝うことで，地球の美しさを喜び，地球との関係を誇らしく思えるようになりましょう。

日本でも，毎年４月22日のアースデーには，各地でさまざまな催しが行なわれています。（問い合せ先：ASAP21　03-3263-9022）

資　料

『昼と夜の自然』リチャード・アダムズ著　ディヴィッド・A・ゴダード絵　マックス・フーバー解説　岡部牧夫訳　評論社
『一万年の旅路』ポーラ・アンダーウッド著　星川淳訳　翔泳社　1988
『グランドファーザー』トム・ブラウン・ジュニア著　飛田妙子訳　徳間書店　1998
『湖のそばで暮らす』M・ウィルキンス著　蓮尾純子,東馨子訳　筑摩書房　1994

Love

地球と
心から
わかりあう

親しみ

私たちの多くは，自分たちを取りまく人々や場所について不確かな知識だけで日々の生活を送っています。でも，より深く知り合えば喜びもひとしお。この「親しみ」は，いいようのない満足感をもたらしてくれます。

ナチュラリストは地球をより深く知るために生涯を捧げます。春にはベニヒワが戻って来るのや，砂漠に雷雨がやって来るのを待ちわびているのです。深い洞察力を持って，地球がしてほしいことが何なのかを知ろうとしているのです。

ケイティーとマイケルは，あるナチュラリストからプレゼントされた日記を通して，新しい入植地について学んでいきます。このお話を読み，あなたのまわりの地球ともっと親しくなりましょう。

我が家へようこそ

「ケイティー，なかなかいい家じゃないか。」マイケルは妻の肩に手をまわしながら言った。

二人は森の中の新しい家に引っ越して来たところだった。家の中はダンボール箱やビニールカバーのついた家具，トランクやスーツケースで足の踏み場もなかった。今日は土曜の朝で，二人は新しい仕事が始まる月曜日までに，この部屋を片づけてしまわなければならなかった。

ケイティーは生まれ育った農場から遠く離れて暮らしたことなどなかった。きっと，そことはまったくちがう森の中で寂しく思うこともあるだろう。子どもの頃に泳いだ敷地内の池は，今も二人の息子にとって夏の楽しい遊び場だった。ケイティーはとうもろこし畑の南東の角に沿って流れる小川のことならすみからすみまで知っていた。それに，家族の誇りであり，生活の糧としていた80頭を超える牛の一頭一頭の性格まで熟知していた。

しかし今，彼女はこの新しい家の片づけに取りかかったばかりで，新しい場所での暮らしに慣れなければならなかった。ケイティーはサンルームへ向かった。はじめてこの家を見たときから，この部屋が気に入っていた。彼女は，ホットチョコレートを手にしながら，ソファーに猫のように丸まっている，冬のある日の自分を想像してみた。南向きの部屋の，床から天井まである大きな窓から太陽の光が差し込み，そこはポカポカしている。荷物を箱から取り出しながら，冬の陽だまりの中で本を読んで過ごす，ゆったりした日曜の午後のひとときを思い浮かべてみた。彼女の空想は，窓際を近くの森へ駆けて行く息子たちによって打ち破られてしまった。

「今は好きにさせておきましょう。」ケイティーはつぶやいた。「マイケルと二人で子ども部屋にダンボールを運び入れたら，あのあり余る子どもたちのエネルギーを荷物整理に向かわせればいいわ。」

ケイティーがサンルームを出ようと腰を上げたその時，窓枠の人目につかない所に置かれた本が目にとまった。前の住人が忘れていったに違いないとケイティーは思った。本は使いこまれ，角がめくれあがり，表紙にはコーヒーのしみがついていた。本を手にとり，名前でもないかと表紙をめくってみた。すると，そこには名前はなかったが手紙があった。

親愛なる友人へ

新しい我が家にようこそ。夫と一緒にこの家を建て始めたのは12年も前のことでした。それは、私たちの長年の夢でしたし、あなた方がまもなく「うち」と呼ぶことになるこの家を完成させるのに８年の月日を費やしたのです。

この長い冒険を始めてまもなく、この建物の外で起こる出来事に気づき始めました。１日に何度も玄関先のポーチに座っては、次々とエサ箱にやってくるコガラやゴジュウカラを見たものです。春に庭を耕せば、ヒキガエルやヘビが出てきて驚かされたりしました。また、春一番の雨や初雪がいつ降るかを予想してみたりもしました。

そんな私の一番の楽しみは、どんな野草が咲いているかを見に、近くの森へ出かけることでした。春一番に咲く花がどれで、次にどの花が咲くのかを覚えるのが楽しくてしようがなかったことは、白状しなければなりません。野に咲く花は、私にとって昔からの友人のようになってゆきました。

このようなこと、それにもっといろんなことが、この日記に書きとめられています。私が愛したこの土地を離れるとき、このノートも一緒に持って行こうと思っていました。でも、どうしてなのか、そうしないほうがよいと思ったのです。この日記は、地球上のこの一角の歴史そのものなのです。今日からは、あなたがたがこの土地とこの日記の新たな守り人となってください。私はきっと、あなた方がこの土地がどんなにすばらしい贈り物だったかに気づかれることと信じています。

ケイティーは本を開いた。１年365日の１日ごとに１ページが割り当てられていた。何も書かれていないページもあったが，ほとんどのページに書き込みがあった。

1990年5月25日

今日、道路で小鹿を見かけた。小鹿は私たちに気づくと森の中に逃げ込み、体を低くしていた。なんてすごい本能なんでしょう。

1985年9月13日

コンサートからの帰り道、車で走っていると4匹のアライグマの家族が大あわてで古いトネリコの木に向かって走り去るのを見た。アライグマは幹に駆け上がると、上にあるくぼみの中に逃げ込んだ。

1986年10月14日

にわか雪が雪へと変わった。初雪だ。ヤッター！　万歳。

ケイティーはページをめくってみた。日記には1989年から92年まで，毎年同じ日の10月14日に初雪が降ったことが記録されていた。ほかのページをめくってみた。1983，85，88年の初雪はそれより一週間遅かった。これはすごい。この土地の「こよみ」を見つけたのだ。

「ケイティー，この箱はどうしたらいいんだい？」ドスン！　という大きな音と助けを呼ぶ声にケイティーは我に返った。

「いま行くわ。」ケイティーは台所へと駆けながら返事をした。マイケルは鍋やフライパンが詰まった箱を置く場所が見つからず，その場に立ち尽くしていた。

「マイケル，私が見つけたものを見てちょうだい。」彼女は本を差し出した。「これは，前の家主が私たちに残していったものなのよ。」

「引越しで身の回りを荷物で取り囲まれた人が，休む場所を見つけるためのガイドブックかい？」彼は皮肉っぽく返事をした。

「マイケル，この文章を読んでちょうだい。」ケイティーは続けた。「これはね，私たち家族に宛てて書かれたものなの。ここの家主が家のまわりで起きたあらゆる出来事を日記に収めていったのよ。」

マイケルは興味を持ったのか，ページをめくり始めた。

1989年３月20日

午前９時。一頭のコヨーテが吠えている。きゃんきゃん吠えている。20分か30分も続いていた。とっても不気味だった。怪我でもしているのかと、妹と一緒に森の中に出かけてみると、昨晩殺されたらしい若い鹿を見つけた。その小鹿は寝込みを襲われたようだった。

1990年１月８日

カシの木の根元を何千もの小さな黒い斑点が動きまわり、近くのスキートレイルをおおいつくしていた。そのブツブツはトビムシと呼ばれている虫だということがわかった。

４月25日のページには，余白がまったくなかった。行間や欄外のあらゆるすき間に，びっしりと文字が書き込まれていた。この日にはガマの穂が膨らみ，桜の木が最初の葉をつけたようだ。また，ウシドリのブクブクという鳴き声がバードフィーダーの上から聞こえ，アネモネと可愛らしいフキタンポポが咲き，1990年には気温は33度に達していた。

ちょうどそのとき，二人の男の子が裏口から駆け込んできた。

「ママ，パパ，見に来てよ。」二人は息を整えながら叫んだ。

子どもたちは二人の手をつかんで外へ連れ出そうとした。

「いったいどうしたというの？」ケイティーはたずねてみた。

「僕たちが見たものが，どういったものかなんて絶対想像つかないよ。」上の子が息を切らしながら言った。

「盗賊みたいな顔をしたものすごく大きな動物が，そこの古い木を登っていたんだ。」弟は懸命に両親を外へ連れ出そうとした。ケイティーはマイケルに目をやった。「日記を持っていったほうがよさそうね。この日記にほんの少し歴史をつけ加える時がきたようよ。」

地球と親しくなろう

目　的：ある場所で起こった自然の出来事を記録しながら地球と親しくなる。

参加者：文字か絵を書くことができる子どもならどなたでも大丈夫ですよ。５歳以上がふさわしいでしょう。

場　所：都市の公園や庭，近くの林。

道　具：しっかりした表紙のノート，図鑑，筆記用具。

進め方：行きやすい場所を選んでください。理想的な記録をとるためには，植物でも動物でも１日から３日毎には観察しなければならないからです。自分の家の近くや通学路にある公園，よく散歩に出かける場所はいかがでしょう。

季節の移り変わりや興味をそそるものなら，どんなことでも日記に書くテーマとなるでしょう。たとえば，春を告げて鳴く鳥の訪れや野花の開花，庭で最初に熟したトマトや春の雨や初雪など。

タンポポが咲いた日や春の雨のあとに見つけた動物たちの足跡，ポプラやヒロハハコヤナギから舞い散る花粉など，気づきやすいようなことから書きとめましょう。そして，観察した日や時間，感じたことを一つか二つ書き添えておくことも忘れずに。もし，見つけたものの名前がわからなければ，その特徴を書きとめ，図鑑を使って名前を確かめてみましょう。

冬の終わりにカエデの木から樹液を採集する時やライラックの花が咲く時，あるいはコガラが春を伝えるために鳴く時，秋の紅葉が色鮮やかになる時などといった四季折々に起こるさまざまな出来事を取り上げてみましょう。

毎年，同じものを観察して，この土地にまつわる自然の出来事を暦(こよみ)の中に書きとめてみましょう。

地球と親しくなるその他の活動

1．あなたの庭や近所の野生生物の生息地図をつくってみましょう。木々，花壇，建物，芝生，植林地などを書き込み，鳩やコマドリが巣作りをする場所，リスが冬の食料を隠す場所，虫を探してキツツキがくちばしでつつく木の在りかを探してみましょう。

2．昆虫たちの小さな世界を探検してみましょう。アリ塚を見つけてみるのもいいでしょうし，もっといいのは，アリにあなたがどこにいるかを見つけさせることです。ピクニックに出かければ，すぐにアリはそこへやって来ることでしょう。アリたちが見つけた食べ物のかけらをどうするか見続けてみましょう。

3．春や秋の訪れを図にしてみましょう。家族や友人と春のきざし（野の花の開花，鳥の巣作り，春雨，最初の草刈）や秋のきざし（初霜，紅葉，はじめてのトマトの収穫，ガンの渡り）について話し合ってみます。このような出来事を模造紙の上の部分に書き入れ，その下に日付けが書けるようにします。毎年，それらのきざしが起きた日付けを書き入れていきましょう。

4．朝のランニングや散歩に出かけるとき，自然の移ろいに目を向けてみましょう。それは，植物でも動物でもかまいませんし，見慣れた景色の中で見つけた日々の変化を記録してみるのです。

5．あなたのお気に入りの木の写真を季節毎に何年も撮り続け，そして幹周りの変化を記録しましょう。また，その木を利用する虫や鳥，リス，人間にも目を向けてみましょう。

6．雨が強く降る暖かい日，立つか座るかして雨に打たれてみましょう。不快感がなくなるまでそのままでいるのです。野外でびしょ濡れになると，無防備な感じになり，ふだん濡れていない守られた状態では感じることのできない方法で，その環境とつながっているような感覚を覚えることでしょう。この雨の日の活動は一人でするか，グループで行なった場合はその体験を互いに話してみてください。

7．テントを使わないで野外で寝てみましょう。一日の終わりを告げる夜のとばりが下りるのを見届け，一番星を見つけ，もし起きていたら日の出にあいさつしましょう。

8．友だちを目隠しして，１本の木のところへ連れて行きます。木に触らせて，手や鼻の感覚だけでその木を調べてもらいましょう。その後，どの木に触っていたのかがわからないようにしながら，その木から離れたところへ連れて行きます。目隠しを外したら，友だちにその木のところまであなたを連れて行ってもらいましょう。その木が見つかったら，今度は役割を変えてやってみましょう。また，どうして触っただけでわかったのか話し合ってみてください。

9．スケッチブックと鉛筆を持って，会社や学校，または家の近くで腰をおろします。何かスケッチするものを見つけたら，詳細に観察しましょう。作品の善し悪しではなく，その物自体をじっくり見ることに集中しましょう。芸術作品を創り出すというよりは，そのものをより深く知ることがこの活動の目的です。リラックスしてください。描くことで，対象の細かなところまで目を向けるようにしましょう。

10. 幼い子どもたちと一緒に泥んこ遊びをしてみましょう。指の先から地球が子どもの中に染み込んでいく瞬間を見ていてください。子どもたちは何ものにもとらわれず，地球と親しくする方法を教えてくれることでしょう。

知っていましたか？

北米先住民オジブウェ族の文化では，野ネズミが親近感を象徴する動物であることを知っていましたか？　ネズミは生き抜くために，自分たちの縄張りをよく知っておかなければなりません。ネズミの巣は地下や洞（うろ）のある丸太や切株にあります。食料として必要なイチゴ類や果実，葉や種から遠くない所に巣を作るのです。そのために，草で隠されている食料や水がどこにあるのかを知っていなければなりません。ネズミは上空を飛ぶ鷹の接近を警戒するあまり，ちょっとした影や雲の動きにも敏感です。

この「我が家へようこそ」のおはなしの中に出てくるナチュラリストは，そんなネズミと同じように，野の花や鳥や動物の行動に注意を向けながら，家のまわりの環境への理解を深めていきました。何年にもわたり，いくつもの季節を通して自然の営みに注意を向けさえすれば，それが小さな裏庭であろうと大きな森であろうと，あなたが暮らすこの世界の理解につながるでしょう。

マスを狙う釣り人は，多様な種類のマスがエサとする昆虫のことにもくわしくなっていきます。15世紀の初頭，デーム・ジュリアナ・バーナーズは釣りと昆虫に関する本を書きました。「カゲロウとその生態」に関するテーマは20世紀を通して釣り人たちの関心の的であり，研究課題でもありました。ビンセント・マリナロは1950年に『現代毛針事典（A MODERN DRY-FLY CODE）』を出版して，昆虫の世界を学問として確立させようとする人々の仲間入りをしました。

ペンシルバニア州西部のレトルト川で釣りを楽しんでいた人たちは，マスが水面近くを泳いだり，水の表面に口を突き出していることを，何年も前から知っていました。この行動はマスがエサを食べているのではなく，説明のつかない特別な何かをしているのだと長年思われてきました。マリナロは腰をかけてマスの様子を眺め続けました。こまやかな流れを注意深く見つめていると，彼はマスが小さなカゲロウ，甲虫，アリを食べていることに気がつきました。注意深く観察すること，関心を持つことがこの発見への入口だったのです。

生態学者は，自分たちが研究している生態系に起きている変化を探し求めています。はじめての場所を調査したり，広大な土地を調べる際には，ある特定の植物か動物を指標として用います。水や土の状態を分析するには，植物が非常に役に立ちます。ある場所で，特定の動物の個体密度が変化することは，生態系が不安定であることを表しているのです。

生態系についてのくわしい知識を得ることは，現代の多くの環境問題の認識にもつながります。レイチェル・カーソンは『沈黙の春』の中で，農薬が鳥や昆虫，道路沿いの草木に及ぼす影響について言及しました。大量に殺虫剤を使用したことによる変化について，彼女は科学者として４年間かけて調査しました。この『沈黙の春』の出版の結果，環境運動が各地で起こり，エコロジーという言葉が聞き慣れたものになったのです。

資　料

『沈黙の春』レイチェル・カーソン著　青樹簗一訳　新潮社　2001

『どんぐりノート』いわさゆうこ, 大滝玲子作　文化出版局　1995

『木　TREES――アジア発こどもエコロジーブック』ユネスコ・アジア文化センター編　千葉茂樹訳　小学館　1997

信　頼 Trust

誰かを信頼すればうれしくなるものです。危険や心配を感じず，殻に閉じこもる必要のない生活というのは楽しいものです。

他人を信頼するということは，信じたり失望したりしながら関係の築き方を学ぶことなのです。信頼するということは，時間をかけ，経験をわかちあい，相手に身をまかせることで，つながりかけた関係を確かなものにしていくことなのです。ひとたび信頼関係が築かれると，相手をコントロールする必要もなくなってきます。

地球とともに過ごす時間が増えれば増えるほど，自分の経験を信頼できるようになってきます。この章の活動やおはなしは，みなさんが地球を信頼する方法を身につけるための手助けとなるような内容になっています。

Trust

地球への
信頼感を
身につける

受け入れる

幼い時から私たちは強くなるように，自立するようにと教えられてきました。このような強さは一般的には役に立つでしょうが，ときには自分ではないものの強さや力を受け入れることも必要です。

地球の力を認めることは，人間にとって大切なことの一つです。その力を受け入れることは，信頼の証（あかし）なのです。

風はものすごい力を持っています。「向かい風」に登場する少年たちは，その威力を身をもって体験し，その力を受け入れます。受け入れることは降参することではない，と彼らは学ぶのです。そう，それはチャンスでもあるのです。

向かい風

「夕食の時間までには戻ってくるから，あなたたちもそれまでには家に戻って来なさいよ。」アリスは妹と一緒に，町まで買い物へ行く車に乗りこみながら言った。「あなたたち，昼食の片づけが終わったら好きなことをしてもいいけど，ディンギーに乗るなら入り江から外に出ちゃだめよ。」

長男のマークは鏡のような水面に目をやった。6月のなかばのこの時間にしては，湖は穏やかだった。このあたりでは，この時期，たいてい朝の9時から太陽が沈む2時間ほど前まで強い風が吹くのが常だった。しかし，今日はお昼を過ぎても，まだ夕方のように湖は静まりかえったままだった。

「兄さんがこっちに来るまで食器は洗わないからな。」弟のジョンは台所のドアから叫んだ。マークが台所に入って来ると，お決まりの夏の三人組のもう一人，いとこのトムが午後の計画を話していた。「ディンギーに乗ってホワイトバスを捕まえに行こうぜ。こんなに湖が穏やかなんだから，やつら夕方みたいにがっついてくるさ。」

計画が決まり，皿洗いが終わると三人は合板で出来た平たい船底の小船に乗り込み，シルバー釣りに出かけた。ホワイトバスのことを，この地方ではシルバーと呼んでいた。

湾内のお気に入りのポイントに向かって漕ぎ出すや，マークは言った。「風がなくてよかったな。」

漕ぐのをやめると，ジョンがまず手始めに黄色の羽でおおわれた疑似餌をつけ，先が二つに分かれた釣り針を投げ入れた。投げ入れたフライが起こした波紋がディンギーの航跡と重なり合った。三人は何度も釣竿を振った。

10分ほどすると，トムは釣りの手を止めて，ボートの先頭に立つマークに目をやった。マークの投げたルアーは，空高く流れる雲に向かって弧を描きながら飛んでいった。

「いつもみたいに風が出てきそうじゃないか。」トムはあたりの静寂と，北西から南東へと矢のように流れる雲の動きとのあまりの違いにただならぬものを感じた。
「何もかかりゃしない。」ジョンは竿を置き，ボートの船べりに寄りかかった。 マークもうなずいた。「魚はこの穏やかな天気にごまかされたりはしないんだよ。ここのシルバーは，夕暮れと夜明けにしかかからないのさ。無駄な時間を過ごさないで，もう家に戻ろうよ。」
「それじゃあ，ハーミット〔隠者〕の島まで行こうよ。」とトムが言いだした。「波もないから20分もあれば絶対に漕いで行けるさ。」
二人の答えは同じだった。マークとジョンはそれぞれオールを手に持ち，ディンギーの舳先を島の方角に向けた。「さあ，隠者の小屋が発見できるか行ってみよう。」マークが言った。
ボートは静かな水面を滑るように，ものすごいスピードで進んでいった。15分ぐらいたったところで，マークは水面下に壁のように立ちはだかる海草を見つけた。「この湾はどこも海草だらけだって聞いたことがあるよ。」
「それに，大口バスもたくさんいるらしいよ。」ジョンは漕ぐのをやめ，島に向かって竿を振った。
「無駄だよ。」とトムは答えた。「海草以外，なんにも獲れやしないんだから。」
釣り糸に30センチほどのマツモが引っかかると，ジョンは何も言わずに汚れた手をジーンズでふいた。マークはボートを漕ぎ続け，大きな岩がごろごろしている岸に着くなり陸に上がって探検を始めた。
「さあ，隠者の小屋を探すぞ。」ジョンは言った。「滑走路があるって誰かが言ってたよ。」
「もしそいつが世捨て人だとしたら，どうして滑走路なんて持ってるんだよ？」トムは反論した。「わざわざ空を飛んで，いったい誰に会いに行くのさ？　昔，この島に世捨て人が暮らしていたなんて僕は思わないよ。単なるうわささ。島の最北端まで行ってみようぜ。」
三人が岬に着くと，なんだか聞きなれた音が耳に入ってきた。それは，波が叩きつけられる音だった。「風が出てきた。」マークは思わずつぶやいた。「もう家に戻った方がいいよ。」
「この向かい風じゃ，もう無理さ。」トムは言った。「風は完全にこっち向きだよ。風がやむまで，ここで待ったほうがよさそうだ。」

「おまえは母さんたちに俺たちが沖に出たことを知られたいのか？」マークは，答えは聞くまでもないといったそぶりで言い返した。「一人がディンギーの先頭に座って舳先を下げて，あとの二人が漕ぐんだ。」

三人は島の南の岸に乗り上げておいたディンギーに走って戻った。風で枝の先が折れ，これから先の苦難を暗示していた。ジョンがまずはじめに舳先に座ることになり，マークとトムはオールを手にした。島の風下に向かうにつれ，ますます風は強くなってきた。ジョンは目の前の岬をまわって風をまともに受けたらいったいどうなるのか，心配でたまらなかった。「やっぱり少し待った方がいいよ。」ジョンはトムに加勢した。「ディンギーと一緒に水の中に沈むぐらいなら，少しぐらい叱られた方がましだよ。そうしないと，もっと大変なことになるよ。」

「なにも問題なんてないさ。」マークは答えた。「オールを強くしっかりと引くんだ。僕たちはちょっとした風ぐらいで予定を変えたりなんかしないぞ。」

風と白波の壁が彼らを襲ってきた。ディンギーは次つぎとやってくる波の上へ駆け上がると，あたかも空中にとどまって次の猛烈な風でひきずり下ろされるのを待っているかのようだった。マークとトムは力を合わせて風に向かって漕いだ。まず身体を前に倒し，それから足と背中を後ろに突っぱる。ディンギーは少しも前進せず，宙に浮いているようだった。大きな湖に浮かぶ島の，はるか沖合に吹き飛ばされないようにするだけで精一杯だった。

「戻ろう。」ジョンは風に負けないよう叫んだ。「このまま漕ぎ続けてたら，島からそれて沖合まで24キロも吹き飛ばされてしまうよ。その時まで生きていればだけどね。」

「僕もそう思うよ。」トムは精根尽きて漕ぐのをやめてしまった。ボートはぐるぐる回りながら，岬の避難場所へと風に引き戻され始めた。「僕はもうへとへとだ。君もそうだろう？　このままでは危険だよ。ときにはあきらめることも必要なんだ。」

マークはオールを両方つかみ，風に向かって漕ぎだした。「僕は母さんの小言はごめんなんだ。だから，母さんたちが戻ってくるまでには，家に戻っていたいんだ。もし，僕たちがこんな所に来ていることを知られたら，二度とディンギーに乗らせてくれないよ。」

ボートが岬へと押し戻されかけるや，マークは必死になって漕いだ。ジョンは，押し流されたまま島の避難場所をはずれて漂流しはしないかと，ボートの行く方向をはらはらしながら見つめた。

「マーク，あきらめてくれよ。」トムは頼みこんだ。「これなら母さんに小言を言われた方がましだよ。島で休んで，出発できそうになったら家に戻ろう。そのうちに，風は必ずやむさ。」

マークは首を横に振って漕ぎ続けた。ここで引き返すことが正しいことだとは思えなかった。風と波に完全に振りまわされていたが，負けたくない，負けることはできなかった。

ついに，彼は力尽きた。マークは漕ぐのをやめてしまった。闘いは終わったのだ。ディンギーは静かに風にゆれていた。すぐに，トムはオールをつかむと，岬をまわりこんで待避所にディンギーを漕ぎ入れた。

これでよかったのだ。マークにもやっとそのことが分かった。ほかの二人がもう少し早くに気づいていたことだ。三人はここで風が弱まるのを待つことにした。

地球を受け入れる

目　的：地球の威力と人間の力の限界を認め，地球の力を受け入れるにふさわしい時機を理解すること。

参加者：この活動は主に個人を対象としていますが，ご両親やお友だちが子どもの手本となって指導することもできます。安全を確保する意味からも，この活動は12歳以上の子どもたちを対象とすることをおすすめします。

場　所：湖や川，海，または草原のようなアウトドアー。

教　材：風や太陽や海のような自然の威力やサイクル。

進め方：自然の力を理解する第一歩は，まずあなた自身が夢中になることです。五感をフルに使って自然を探検してみましょう。風が強い日には，風を抱きかかえるように腕を思いっきり伸ばし，洋服をなびかせてみましょう。カヌーやボートを漕ぐときには，パドルやオールを傍らに置いて水の流れや波に身をまかせたり，晴れた日に戸外に出たなら，数分でもいいから立ち止まり，太陽の烈しさを感じてみましょう。

あなたを夢中にさせた活動を続けてみましょう。強い風に向かって歩いてみたり，流れに逆らって船を漕いだり，猛暑に負けることなく野外で体を思いきり動かしてみましょう。くたくたになるまで活動し続けるのです。もちろん安全には十分配慮しながら，あなたの能力の限界までやってみましょう。忘れてならないのは，この活動のポイントは地球の力を知ることであり，それと張り合うことではないということです。十分注意を払いながら活動をすすめてください。

自分の技術や持久力の限界がわかったら，もう一度やってみましょう。安全な場所を確保しておくことも忘れずに。

地球を受け入れるその他の活動

1．３月の風の強い日には，外に出て凧を上げてみましょう。凧糸をめいっぱいくり出し，飛んでいるのを眺めてみましょう。凧糸をピンと張ったら，引いたりゆるめたりしながら風と遊んでみてください。どのようにすると凧はよく上がるでしょう？

2．また，湖でセイルボートに乗る機会があれば，東西南北のさまざまな方角に帆を張ってみたり，風に対してさまざまな角度で航行してみましょう。一番スピードが出るのは，どちらの方向へ進むときですか？　それは風に向かっているときですか？　それとも，風に押されているときでしょうか？

3．休暇の計画を立てるとき，天候も考慮に入れていますか？　ピクニックであれ，週末に別荘やどこかのキャビンで過ごすのであれ，山登りであれ，野外に出かける時には，天候の変化によって予定が変わったり，中止になることも想定しておくこと。

4．家族や学校で，「限りある資源」ゲームをやってみましょう。グループ毎に，一週間の生活で使う食料や燃料の平均的な量を考えてみます。ちょうどそれらが買えるだけの金額を設定し，それ以上は使わないようにします。週の終わりに，「必要最低限の物で暮らす生活」についてディスカッションをしてみましょう。

5．川に行く機会があれば，まずは川の流れのままにパドルを漕ぎます。次に，いったん川岸にボートをつけ，向きを逆にして上流に向かって漕いでみましょう。

6．どこか草の生えた丘を探してみてください。その丘の下から上へ向かって20～30メートルほどビー玉を転がしてみましょう。次にビー玉を丘の上から下に向かって転がしてみます。友だちとチームに分かれてやってみましょう。ビー玉は持ち上げないで，地面の上を転がします。

7．たくさん友だちを呼び，チームに分かれて平坦な場所や斜面といった色々なところで綱引きをしてみましょう。地形によってどんな違いが出てくるでしょう？　坂を登りながら綱を引き上げているチームが必ず負けていますか？

知っていましたか？

鷹は風に乗って何千キロも旅することを知っていますか？
鷹が生き残れるかどうかは，「向かい風」に登場するマーク，トム，ジョンがそうしたように，風に闘いを挑むのではなく，風を受け入れるのをいとわずにできるか，にかかっているのです。

鷹は春と秋に渡りを始めるとき，山や険しい丘の麓に集結し，上昇気流が起きるのを待ちます。（上昇気流は山肌に向かって強い風が吹くときに起こります。）鷹のもっとも感動的な風の使い方とは，数百もの鷹が上昇温暖気流に乗る時でしょう。（上昇温暖気流とは地表で熱せられた空気の小さな塊が上昇する気流のことです。）鷹は上昇温暖気流の中をらせんを描きながら，地上数千メートルまで上昇していきます。上昇温暖気流がなくなる地点まで昇ると，そこからさらに３キロほど高く舞い上がり，風を使って時速60キロほどで飛ぶのです。

渡りとは，春と秋に繰り返される魚や鳥，哺乳類，虫など多くの種にみられる自然現象です。この移動は種の存続のためであり，それぞれの生きものが現実の環境を受け入れることを意味しているのです。

ある地域や地球上で生きながらえるためには，自分自身の限界や環境というものを知っていなければなりません。私たち人類や地球そのものが消滅しないためにも，人類はその限界を受け入れることが適切な行動であることを認めざるを得ないのです。

1930年代，米国中西部の豊かな農場は強風や砂嵐で壊滅的な打撃を受けました。より多くの食糧をつくるために，農民は農地を広げようと木を切りました。さらに，草原では過放牧をおこない，集約的な農業技術を活用しました。このような農法が自然の干ばつの周期と重なり，ダストボウルと呼ばれる深刻な土壌浸食を招いたのです。その10年間で600万ヘクタールもの土地が被害を受け，さらに600万ヘクタールの土地もまた保全政策が採用されるまでのあいだ，危機的な状態にあったのです。この危機の最中に土壌保全局が設立され，等高線に沿った開墾や水の循環を考慮に入れて利用する農法を農家に教え，土壌流出を懸命にくい止めました。

地球の循環や資源の有限性を理解し，受け入れることの必要性が認識されれば，別の可能性へと目が向きます。限りある石油，石炭，天然ガスの備蓄をすすめることで，太陽・風力・地熱エネルギーの可能性を探る機会がもたらされるのです。食糧の専門家は食糧生産，特に畜産の土地利用を見つめ直した結果，肉に偏った多くのアメリカ人の食生活に対し代替案を提示することができたのです。

限られた資源の現実を受け入れること，そして地球の自然循環に適応することによって，個人や地域の未来が保証されるのです。

資　料

『葉っぱのフレディ――いのちの旅』レオ・バスカーリア作　みらいなな訳　童話屋　1998

『地球白書 2001-02（ワールド・ウォッチ）』レスター・ブラウン編著　日本語版監修エコフォーラム21世紀　家の光協会　2001

Trust

地球への
信頼感を
身につける

安心感

安心感というのは，すべての生きものにとって，何の心配もなく成長し，繁栄する状況が保障されているということです。適切な時とふさわしい場所さえあれば，安心して過ごせるのです。地球とともにあれば，ふさわしい場所で人生を送ることができるでしょう。

私たちは地球から生まれたのです。地球にふれるということは，安心していられるという感覚を取り戻すことなのです。はじめは恐怖心もあるかもしれません。でも，時間がたつにつれ，地球がそれらの恐怖心をぬぐい去ってくれることでしょう。

次のお話の中で，エシーおばあちゃんは時の経過と家族に助けられ，森の中で安心していられるようになっていきます。

家族のみんなへ

マーティーが裏口から入ってくると，そこには6歳の娘サラがいた。
「ママ，早く。テーブルの上におばあちゃんから届いたすごく大きな封筒があるよ。」サラはドアからキッチンのテーブルへと駆けより，茶色の封筒を手にすると，ようやくキッチンの手前まで来た母さんと出会った。「開けてよ。母さん宛にきているけど，封筒の裏に書いてあることを読んでよ。」
マーティーは封筒を手にとり裏返してみた。そこには母親の直筆で「家族の皆へ」と書かれていた。
「開けてよ。」サラは興奮してせがんだ。手紙，なかでもとりわけおばあちゃんからの手紙はサラにとって楽しみなものだった。
マーティーは封筒の留め金を外して封を開くと，中から手紙の束を取り出し，一枚目を読み上げた。

親愛なる家族の皆へ

先月、パートブリッジ岬でみんなと一緒に過ごしてからセントポールの自宅アパートに戻ってもう一週間になるわ。トムおじいちゃんが亡くなってから、今が一番気持ちが落ち着いているの。この夏、一緒に休暇を過ごさないかというあなたたちからの誘い、あの時の私に一番必要なことだったわ。家に戻ってからもずっと、皆と一緒に過ごした時のことばかり考えていたの。そんな私の気持ちを、あなたたち一人ひとりに宛てた手紙に託そうと思ったの。読んでちょうだいね。
愛をこめて、エシーおばあちゃんより

「私のはどこ？」サラは手紙の束に手を伸ばしながらきいた。
マーティーは手紙の山から「親愛なるサラちゃんへ」と書かれた便せん

を見つけて手わたした。
サラは自分の手紙を手にとると，母さんの手に戻しながら言った。「ママ，私の手紙読んでくれる？　この手紙は印刷されたような字じゃなくて手書きだから，私には読めないわ。」
マーティーは手紙を受け取り，声を出して読み始めた。

親愛なるサラちゃんへ

夏休みもあと１ヵ月、思いっきり遊んでちょうだいね。サラちゃんと一緒に過ごしたこの１ヵ月本当に楽しかったわ。
昨日の夜、ベッドの中で窓のそばにあるエアコンの音を聞いていたら、別荘の同じ部屋であなたと寝泊りしたことを思い出したの。はじめの夜、私たちがベッドに入ったときのこと。私はしきりに窓を閉めようとしたのに、あなたは窓を開けようとして、ついに私はあなたに言ったわね。「サラ、ちゃんと窓を閉めなくちゃだめよ。開けっ放しではうるさくて眠れないでしょう。」するとあなたは言ったわね。「おばあちゃん、あの音はうるさくなんかないわ。あれはカエルやコオロギの鳴き声よ。」サラ、信じてもらえるかどうかわからないけれど、昨夜、私はあのカエルやコオロギをなつかしく思ったの。それは、眠りにつくのにぴったりの、本当に心が休まる音だったわ。サラ、あなたのこともなつかしく思っているのよ。
毎朝の湖の入り江までの散歩は、私たちにとって最高のひとときだったわ。そこでは、夜を過ごす２組のカモの家族を見つけたわね。本当は、行きたくないと思った日もあったのよ。たぶん、あなたはそれを知っていたんじゃないかと思うわ。けれど、まるで毎日の日課のように、沖へ泳いでいくカモの姿を見るのは楽しかったわね。母ガモは私たちを警戒しているのか、ガーガー鳴きながら、後ろに子ガモを引き連れて先頭をきって泳いでいったわ。子ガモが無事に夜を乗りきったかどうか、私たちは毎日その数を数えたわね。
サラちゃん、私のルームメイトになってくれ、そのうえ、森の中のあなたの特別な場所での楽しみを私に教えてくれてありがとう。愛をこめて、
エシーおばあちゃんより

マーティーは読み終えると，手紙を束ねながら話しかけた。「夕食のとき，みんなに自分の手紙を読んでもらいましょう。そうしたら，おばあちゃんもここで一緒に食事をしているみたいに思えるでしょ？」彼女は手紙をしまうと，夕食の準備を始めた。

夕食が終わって，長男のジョシュアが真っ先にお皿を片づけようと席を立ちかけるや，母さんが口を開いた。「ちょっと待って。今夜は特別なものがあるの。」彼女は食器棚のところへ手紙を取りに行った。「おばあちゃんから，私たち家族一人ひとりに宛てた手紙が届いているの。自分でその手紙を読んで，もし気が向いたら，ほかの家族のみんなにも読んで聞かせてもらえたらいいと思うのだけど。」夫とそして子どもたちに手紙をわたした。

ジョシュアは一番に言った。「僕が最初に読むよ。練習があるから，読み終えたら学校に戻らないといけないんだ。」

ジョシュアが読み始めた。

親愛なるジョシュアへ

パートブリッジ岬で私が１ヶ月間丸々過ごすことができたのは、あなたのおかげだと思っているの。岬までの長い道のりを車で向かった夜のことをよく覚えているわ。私は憂うつな気分でいっぱいだったの。今になって思えば、それは恐怖心からきていたのね。あなたのお父さんがいつも話している美しい森は、私には危険なところに思えたの。車が着いてあなたと弟のソーレンが橋の上に座って私を待っているのが見えたとき、「この週末が過ぎたら、家に戻ることにしよう。」とひとり思ったの。だけど、あなたはそんな私の気持ちを変えてくれたのよ。どのようにかって？

馬鹿みたいに聞こえるかもしれないけど、あなたは毎日嫌がらず、私につき合って街まで行ってくれたわ。もしかしたら、それは最近とった仮免許のためだったかもしれないし、街にいる同年代の友だちに会えるからだったかもしれないわね。とにかく、私が街に出たいときはいつでもつき合ってくれたわ。他の誰もが私の買い物癖を笑ったり、からかったりしたけれど、あなたは一緒について来てくれたの。ありがとう。私が慣れ親しんだ世界に、あなたが私をつなげていてくれたからこそ、新たな世界になじむことができたの。気をつけて運転してちょうだいね。
エシーおばあちゃんより

ソーレンは皆が何か話しだす前に，自分の手紙を読み始めた。

親愛なるソーレン

森の中であなたは、すっかりその森に溶けこんでいたわね。湖畔や裏の沼やトレイルで退屈することなく過ごすあなたを見て、いつも驚きを隠しきれなかったの。
ある日の夕方、家の裏手にある入り江の桟橋であなたがひとり座っている姿を、台所から眺めていたのを覚えているわ。ちょうど皿洗いを始めたとき、そこに居るあなたに気づいたの。片づけが全部終わっても、あなたはまだその場所に居たわ。私はあなたのお父さんに、そんなにも長いあいだいったいあなたが何をしているのか、たずねたのよ。
「何もしてはいませんよ。」そう、お父さんは言ったの。「ひとりで楽しんでいるのでしょう。一緒に座ってきたらどうですか？」って。
あなたの父さんの言う通りにしてみたわ。覚えてる？　あなたの隣に来て長いあいだ座っていた日のこと。ほんの少しおしゃべりをしたけれど、ほとんど座ったまま、耳をすましたり眺めたりしていただけ。桟橋の近くにたむろする小魚の群れを、あなたは教えてくれたね。「光るやつ」っていったかしら。あなたと一緒に過ごしたその夕べこそが、私がはじめて森の中で心地よく感じられた瞬間だったと思うの。とっても静かで美しかった。
11歳だというのに、ソーレンはおばあちゃんにたくさんのことを教えてくれたね。ありがとう、これからもいろいろなことを教えてちょうだいね。
エシーおばあちゃんより

「僕，本当に学校に行かないと。」ジョシュアはスポーツバッグを手にとった。「母さん，父さん，残りの手紙はあとで読ませてもらっていいかな？」

マーティーは息子に向かって答えた。「おまえのために全部置いておくから，あとで読みなさい。遅くならないようにね。」
ジョシュアが玄関から出て行くと，父さんが手紙を読み始めた。

親愛なるグリフ

毎年恒例の家族での休暇に、こんなに快く義理の母親を迎えてくれる息子ばかりではないでしょう。それに、ただ誘ってくれるだけではなく、「是非いらっしゃい」と言ってくれたわ。
クリスマスの時、岬で静かに過ごすことが必要だと言ってくれたのを覚えているのよ。今から思うと、あの時のあなたの判断は正しかったわ。
日を追うごとに、岬での滞在は心地良くなっていったの。あの場所が持つリズムが私の心を落ち着かせ、安心させてくれたのね。ペリカンアイランドに沈む夕日を遠くに望み、朝には小鳥がさえずり、夜にはコオロギが鳴いていたあの場所。夕方になると、遠くから船外モーター付きのボートの音、湖岸に打ち寄せる波の音、それにアビの笑い声が聞こえていたわ。もちろん、人間の笑い声も欠かすことができなかったわね。毎晩、同じ時間になると赤いボートに乗ってやって来る男を見て、二人で大笑いしたのを覚えているかしら？　その男はまるで重要な任務を負って、海軍を先導する指揮官のように、背筋をピンと伸ばして座っていたわ。そして、あなたはいつも言っていたわ。「サメの野郎、気をつけろ。いま、お前の後ろには提督さまがいるんだぞ。」
パートリッジ岬で一緒に過ごせてうれしかったわ。ありがとう、グリフ。そして、私の臆病さにつき合ってくれたことに感謝しているのよ。はじめの数週間というもの、眠りにつく前に扉の鍵がかかっているか３回も４回も確かめていたなんて自分が恥ずかしいわ。それに、昼間だって、ずっと扉に鍵をかけていたの。私がそこにいた１ヶ月ものあいだ、誰かが道を歩いて訪ねて来たことなんて一度もなかったのに。それはね、多分静寂に慣れていなかったし、人里離れた場所だということが怖かったからなの。でも、隔離されているからこそ平穏があったのね。ありがとう。愛をこめて。
エシー

グリフは自分の手紙をテーブルの上に置くと，静かに言った。「あと一通だね。さて，おばあちゃんが自分の娘に何を書いたのか聞くことにしよう。」

マーティーは家族の皆に微笑みながら言った。「このひとときがとってもうれしいわ。みんなの１ヶ月間の休暇が，母さんを一緒に連れて来たことで，台無しになってしまったんじゃないかとちょっと心配したりもしたの。母さんは居心地悪そうだったし，不安げだったでしょ？　まるで北極にでも来たみたいな騒ぎぶりだったから。でも，今考えてみれば，その神経質さこそが，母さんがこの休暇を必要としていたことの証だったのかもしれないわね。」マーティーは自分宛の手紙を読み始めた。

親愛なるマーティー

私はあなたの家族と一緒に過ごすのがいつも楽しみでたまらないわ。休日やお誕生日をともにすることができるなんて、あなたたちの近くに住んでいて、ずっとラッキーだって思っているの。だけど、先月は人と一緒に暮らす楽しさを、改めて気づかされたの。ずいぶん若かった頃以来、これほど充実した幸せを感じたことがなかったもの。

こんな幸せを感じられたのは、ただあなたたち家族と一緒にいたからというだけじゃないはずよ。私のまわりの環境、岩や木々、湖のにおい、それにおいしい夕食の魚料理、そういったことのおかげだと思うの。毎日が夏の静かなリズムに包まれていたわ。そのリズムはサラと一緒にした朝の散歩から始まり、そしてあなたとグリフとのおしゃべりで終わりを告げるの。夏の暑さや時折やってくる嵐は、毎日のリズムの中で休止符のようだったわ。自分があの場所の一部分であるような感じがしたの。わかるかしら？　自宅に戻ってきた今、前よりもっとここが私の居るべき場所だと感じられるのよ。

元気になったわ。この夏、あなたやあなたの家族、そして、この地球が私に元気を取り戻してくれたのよ。あなたたち皆を愛しているわ。
ママより

マーティーは皆の手紙を集めると，封筒の中に戻した。「さあ，この手紙はとっておきましょうね。今度の冬がやってきたときに，また読む必要があるかもしれないわね。エシーおばあちゃんは岬にまつわるお話を上手にしてくれたわ。それどころか，おばあちゃんはとても大切なことを教えてくれたのかもしれないわ。」

地球とともにある安心感

目　的：できるだけ長期の休暇をとり，アウトドアで不安を感じずに過ごせるようになること。

参加者：すべての家族。年齢，人数は問いません。

場　所：行楽地，国立・州立公園や森の中。

教　材：地域の商工会議所，行楽地の観光協会，国立・州立公園が発行しているパンフレット。もし，キャンプをするのであればキャンプ用品（テント，寝袋，調理器具）と食料。別荘に泊まるのならば寝具。雨具やレクリエーション用の道具。

進め方：休暇のあいだ，１ヵ所に拠点を定めることにしましょう。長期で滞在してみたいと思う場所を選んでください。観光案内所，自然保護局，公園局，森林局に問い合わせてみれば，いくつかのキャンプ場が見つかるでしょう。

休暇の前に，目的地の自然の特色を調べてみましょう。そこで見られる植物や動物，珍しい地形，またレクリエーション（魚釣り，ハイキング，ボート，イチゴ摘み）などを調べ，必要な道具を用意します。

目的地に着いたら，まずは新しい住まい作りをしましょう。これからしばらくはそのキャビンやキャンプ場がみなさんの自宅となるのです。くつろげるように整えましょう。

日の出，日の入りに注意を向け，みなさんの体内時計を地球のリズムに合わせてみましょう。太陽が昇り，沈むそのリズムに左右されている動物の行動を観察してみましょう。人間の行動パターンとどこが違うでしょう。

まずは，リラックスしましょう。1日の時間の流れの中に，休息，探検，活動，くつろぎ，ふりかえりといった時間を作ってください。森や湖の近くのキャンプ場やキャビンで過ごして，いったい何がみんなを落ち着かせたり落ち着かせなかったりするのかをメモしておきましょう。新しい家やアパートに引っ越すときと同じように，互いに新しい場所になじむことができるように協力し合ってください。

自然界で起きることが予想できるようになれば，自然を頼りとすることができます。たとえば，お天気のパターンを観察し，翌日どのような天気になるかを予想してみたり，動物や鳥の行動や鳴き声を観察し，それがいつ見られ，何をしているのかを予想してみたり，花が実をつけたり新芽が葉になったりするとき，いったいどんな変化が起きているのかを発見してみましょう。その他，地球で起こっているパターンをしっかりと理解してみてください。

家に戻ったら，旅行中に書いた手紙や旅行記を通じ，あなたが地球という自然と一体感を感じた出来事を友だちや家族とわかちあいましょう。

地球とともにあるその他の活動

1．何年かたってから，同じキャンプ場，行楽地，公園へ行ってみましょう。

2．太陽とともに起き，暗くなったら布団に入って眠りにつきましょう。人工的な光を使わずに1日を過ごしてみるのです。自然の光が差し込む所を探しながら。

3．お気に入りの植物や動物を選んでください。その植物や動物のライフサイクルを調べ，1年間観察します。種から花が咲いて実をつけるまで，生まれてから子どもを生んで死にゆくまでのライフサイクル図を作ってみましょう。

4．あなたが空腹になる間隔を調べてみましょう。決められた時間に食事をとるのではなく，お腹が空いたときに食事をしましょう。２日以上その食事パターンを記録して，あなたの食生活にどんな変化が起きたのかを確認します。どんな違いがあるでしょう？　それはどうしてですか？

5．あなたを取りまく世界のさまざまな現象を観察してみましょう。たとえば，昆虫の孵化，鳥やリス，シカ，魚の摂食パターン，湿地に見られる植物，食べられる果実はどんな見かけをしているか，など。

6．子どもには幼いときからキャンプを経験させましょう。家の裏庭でのキャンプから始めて，次は地域にある公園での一泊キャンプへと。そのとき子どもたちが，家での生活との違いやちょっとしたことに気づくようにしましょう。

7．休暇日記を家族でつけてみましょう。家族全員が気づいたことや見つけたことを書き込むようにして，写真は日記と一緒にしまっておきましょう。

8．州立公園でも国立公園でもかまいませんから，その公園のことをくわしく調べてみましょう。定期的に訪れることができるように，なるべく近くの公園を選び，その場所をより深く知るためにさまざまな体験をしてみましょう。たとえば，インタープリターに手伝ってもらったり，ハイキングやキャンプをしたり，その場所にまつわるお話や伝説を読んだり，歴史を学んだり，名所や呼びものだけでなくあまり人の行かない所へも行ってみましょう。

9．キャンプで迎える最初の夜，「怖い」と感じていることを話し合ってみましょう。キャンプが終わるまでに，その恐怖心を克服する方法を探し出してみませんか。

知っていましたか？

地球と一緒に安心していられるようになるには，時間がかかることを知っていましたか？　エシーおばあちゃんは湖のほとりで１ヶ月の休暇を過ごしました。はじめ，彼女にとって自然は恐ろしいものでしたが，だんだんまわりの景色や物音にも安心できるようになりました。はじめて地球を探検する人にとって，自然の力は恐ろしく感じられるかもしれません。

アボリジニーは，地球とともに安心していられる感覚を築きあげてきました。彼らは自分たちの食料と住みかを地球に頼り，地球とともに日々を過ごしていました。お天気，動物の活動，四季折々の植物の移り変わりのパターンを観察したのです。ウィスコンシン州北部とミネソタ州のオジブウェ族は，地球の季節のリズムに安心感を見つけ出し，冬の終わりにはメープルシロップを採取するための森，春の滞在は釣りができる近くの内陸湖，夏の村は絶好の狩猟地の近く，秋は冬に備えてワイルドライス，果実，ナッツが採取できる場所へと森の中を移動しました。

小さな町が大都市へと発展していくにつれ，地球が“我が家”であるという感覚が薄れてゆき，“訪れる場所”といった感じになってしまいました。しかし，地球との一体感や地球のリズムと調和していることの安心感が必要なんです。夏の行楽地や別荘は，裕福な人々を都会の生活から引きはなしました。貴重な自然はそういう別荘地の開発の場になってしまったのです。

アポソル群島は，ウィスコンシン州北部にあるスペリオル湖の沖合いに連なる22の島から成り，セントルイス，オハマ，シカゴ，ミネアポリスのセントポールなどから多くの人々が訪れる，あこがれの場所となっています。19世紀には，本島のマデライン島にはコテージが建設され，周囲の島々にもたくさんの別荘が建てられました。水に囲まれた島での隠遁生活は，人々を惹きつけたのです。毎年３ヵ月のあいだ，避暑にやって来る人たちは，地球と一体となって過ごし，マデライン島を「我が家」と呼びました。

1970年に国立公園局はこの地域の自然の美しさを認め，アポソル諸島国立公園として制定しました。避暑客は今でもこのマデライン島にやって来ます。他の島々に建てられたコテージや別荘は，キャンプ場やハイキングトレイルに生まれ変わり，一般の人々に開放されています。100年前，これらの島々の美しさは避暑客を魅了し，今ではバックパッカーやシーカヤック，ヨットを楽しむ人々を虜にしています。観光客はキャンプ場で一日，週末，あるいは数週間を過ごします。

貴重な自然や史跡，野外レクリエーションにふさわしい場所を保全する目的で1872年に国立公園局が設立され，最初に制定された国立公園がイエローストーンです。現在では330ヵ所480万ヘクタールを超える場所が，国立公園として指定されています。アメリカではデラウェア一州を除いた全州に国立公園があり，傑出した自然美や，科学的重要性の見地から保全されています。そのため，国立公園内の自然はその状態を損なうことなく残されているのです。公園は植物や動物への影響を極力抑えつつも，自然を体験したり，キャンプやレクリエーションを楽しみながら地球との一体感を育むための場所なのです。国立公園の多くでは，同じ場所で２週間までキャンプをすることができます。

1891年には森林局が設立されました。国有林は林業品，放牧，水源開発，採鉱，レクリエーションなど多くの目的のもとに管理されています。アメリカ，およびプエルトルコにある155ヶ所の国有林は，砂漠，多雨林，山岳地帯，草原，氷河，湖，マツ林，ツガ林，広葉樹林といったさまざまな環境にあります。マサチューセッツ，コネチカット，ノースダコタ，ロードアイランド，ニュージャージー，カンザス，ハワイ，デラウェア，アイオワの９つの州には国有林はありません。国有林では観光客がキャンプ，ピクニック，狩り，魚釣り，ボート，カヌー，水泳，乗馬，ウィンタースポーツを楽しむことができます。国立公園と同様に，ここでも１ヶ所で２週間までのキャンプができます。それぞれの国有林において，利用規程やキャンプ場使用料が定められていますので，くわしくはそれぞれの森林管理者に問い合わせてください。

近くの国立公園や国有林だけではなく，遠くにある国立公園や国有林にも足を伸ばしてみましょう。損なわれていない自然の美の中にいると，地球とのゆるぎない一体感を築くことができるでしょう。

資　料

『海からの贈りもの』アン・モロウ・リンドバーグ著　落合恵子訳　立風書房　1994
『はじめてのキャンプ』林明子文･絵　福音館書店　1984
『ジョイ・キャンプ』中川ひろたか, 成田和夫著　カワイ出版　1994
『冒険図鑑』さとうち藍文　松岡達英絵　福音館書店　1985

Trust

地球への
信頼感を
身につける

責　任

「誓います」は責任を明確にするときの言葉です。この言葉は結婚式や就任式，そのほか人々が約束を交わす重要な行事で使われます。

責任というのは自然界では本能的なものです。オオカミが生涯を通じて伴侶と連れ添ったり，親鳥が生まれたばかりのヒナを育てたり。自然界での責任とは生活様式でもあるのです。

ブルーバード〔ルリツグミ〕トレイルを作り，その世話をしようと決断するマーセック一家のお話を聞いてみましょう。あなたも地球への責任を果たしてみませんか。

トレイル計画

１月のある雪の降る土曜日の朝，マーセック家はこれから毎年行なうことになる夏の冒険の第一歩を踏み出した。お隣のミルトさんと一緒に朝のコーヒーを飲んでいたとき，冬の計画を見てみないかと地下室に誘われた。その計画とは，ブルーバードトレイルに新しい鳥の巣箱を25個も設置することだった。地下室は木材の破片や新しい杉の木で一杯だった。

「これは冬の憂うつを吹き飛ばす特効薬なんだよ。」ミルトさんは組みあがったブルーバードの巣箱を手にとりながら言った。「巣箱作りがこのくらいまで進むと，春が近づいたなと思うんだ。これは，サンドヒルボックス〔砂丘箱〕と呼ばれているものなんだ。そのほかにも，ミネソタ州に住んでいる人が設計した，面白い形のピーターソンボックスというのがあるよ。その人の名前がピーターソンだっていうことがわかるよね。そうあの有名な野鳥ガイドの作者リチャード・ピーターソンさ。」

彼は組み立て用に取り置いてあった木の切れ端をつかんだ。「巣箱をデザインしたり，組み立てたりするのは，ブルーバードトレイルに一年を通してかかわるいい方法なんだよ。」ミルトさんは材木を確めながら言った。

「私も自分のトレイルが欲しいな。」マーセック家の末娘，リンダは大きな声で言った。

「リンダ，あなたには少し難しいんじゃないかしら。」母さんが口をはさんだ。「しょっちゅう点検しなければならないんですよね，ミルトさん」。

「夏のあいだは定期的に点検しなければね。」ミルトさんは答えた。「私に一ついいアイディアがあるんだ。」彼は新しい杉の板が積まれているところまで歩いていった。「昼食が終わったら，みなさん四人でここに戻って，この板を使ってひとり１つずつ巣箱を作ってみませんか？　春になったら，マーセック家のブルーバードトレイルを私のトレイルの続きに作ってみては？」

「たった４つの巣箱でトレイルができるの？」とリンダはたずねた。

「２つの巣箱しかないトレイルから，一番長いものだとノースバトルフィールドからサスカチュワン，マクグレゴール，マニトバまで800キロメートルも続くトレイルもあるんだよ。このトレイルは，短いトレイルをつなぎ合わせて作り上げてしまったんだ。」
父さんのディーンは興味を持ったものの，まだ半信半疑のまま質問を続けた。「どんなことをしなければならないんです？」
「夏のあいだ，週に１回ほど森へ散歩に出かけるだけで十分でしょう」。ミルトさんは答えた。「人によってはその季節に７回くらいしか見に行かない人もいますよ。」
「巣箱を見てまわるって楽しいのかな？」12歳のヴィンスは２枚の木切れで飛行機を作りながら聞いた。
「ただ巣箱を見てまわるというよりは，ブルーバードトレイルの管理をするんだよ。ヴィンス。」ミルトさんは一人ひとりの顔を眺めてからディーンに向き直った。「いかがです？　巣箱作りは簡単だよ。鳥のことは気にせずに。まずは午後，巣箱を作ってみないかい？」
午後からは，寸法を測ったり，のこぎりで切ったり，釘を打ったりして過ごした。
２ヶ月後，まだところどころに黒く汚れた３月の雪が残るなか，４人はミルトさんの車に４つの巣箱を積み込んだ。「先週，25個の巣箱をかけてきたところなんだよ。」ミルトさんは誇らしげにみんなに言った。「みなさんの巣箱をかける場所の目星をつけておきましたよ。」
町から８キロほど郊外へ行った墓地の前で車はとまった。「墓地や草原，ゴルフコースといったところはトレイルを作るには恰好の場所なんだ。」車から巣箱を降ろしながら，ミルトさんは話し始めた。「森の奥深くに巣箱をつけないことが大切なんだ。でも木立の近くじゃないとだめだ。親鳥は森の中には巣を作らないんだけど，羽が生えたばかりのひな鳥が飛び方を学ぶときには，森の茂みが近くにないといけないんだ。」
リンダはある木のところへ走って行った。「ミルトさん，この木はどう？」大きなオークの幹をパンパンと軽くたたきながら言った。
「その木には巣を作らないんだよ，リンダ。」ミルトさんが首をふりながら言った。「その木は生きているだろ。ブルーバードは枯れた木に巣を作るんだよ。だから，個体数が激減してしまったんだ。みんな垣根の支柱に木を使わなくなったし，枯れた木は自分たちの土地からすぐに片づけようとする。ブルーバードが巣をかける自然の場所が少なくなってしまったんだよ。」

「やっとこの巣箱の意味がわかったよ。」ディーンは言った。「ここに私たちでその支柱を立てるわけだ。」

ミルトさんはディーンに巣箱を置く場所を教えていた。「ここならはじめての巣箱を設置するのにいいだろう。」そう言ってある場所を示した。「ここを起点にトレイルをのばして，西に向かって500メートルの間隔をあけながら場所を見つけていきましょう。少し遠いように思えるけど，ブルーバードたちはなわばり行動をするので，巣箱どうしをこれ以上近くに置いてしまうと，互いになわばり争いをしてしまうんだよ。」

「違う種の鳥でも，同じなわばりの中で共存できるのもいるんだ。この大きさの巣箱だとミドリツバメが使うこともあって，なかにはミドリツバメトレイルになってしまったものもあるんだよ。」

「それがどうしてだめなの？」リンダはたずねた。

「だめってわけじゃないんだ。でも，ミドリツバメはブルーバードのように人の助けを必要としていないんだよ。」ミルトさんはさらに説明を続けた。「なかには，一つをミドリツバメ用に，もう一つをブルーバード用にとペアで巣箱を作る人もいるんだよ。同じ種の鳥どうしは近くに巣を作らないが，この２種類の鳥はどちらも互いに近くに巣を作るんだ。このペアのもう一方は，誰もが使えるようになっているんだよ。」

「最近，ブルーバードの個体数はどうなんですか？」ディーンは森を歩きながらたずねた。

「保護活動が始まってから，ずいぶん数は戻りつつあるんだ。」とミルトさんは答えた。「統計上の数字は知らないが，私が見たところ，20年前に比べるとその数は50倍ぐらいに増えているんじゃないかな。」彼は巣箱をコツンコツンと叩きながら言った。「私たちは，個体数を増やすために活動しているんですよ。私は回復していると確信しているんだ。」

３週間後，マーセック家は自分たちのトレイルをチェックするためにまたやって来た。リンダはみんなの先頭に立って，最初の巣箱に駆け寄った。

「一番はじめに見てもいい？」巣箱のふたを開けながらたずねるや，キャーっと叫び声を上げ，後ずさりした。「何かがいる。」

「そのために巣箱を作ったんじゃなかったのかな？　リンダ。」ミルトさんは笑った。「さあ，ここに巣を作ったのは何者かな？」彼はふたを開けて箱の中に手を入れると，小枝やわら，羽根，ツルを取り出した。「イエスズメだ。」いまいましげにその巣をバラバラにして捨ててしまった。「やつらは我々の助けを必要とするどころか，放っておいたらトレイルを乗っ取ってしまうんだ。やつらはこの国に輸入されてきて，今では雑草のようにその数を増やしていて，鳥の世界の雑草といったところなんだ。」首を横に振りながら言った。

リンダは次の巣箱へ一目散に駆け寄った。今回は心の準備もできていた。「ここには卵がある」と叫んだ。「これはブルーバードの卵かしら？」

ミルトさんが見た。「これはミドリツバメの巣だな。この巣に編み込まれた白い羽根が証拠だよ。この巣はこのままにしておこう。」

3つ目は空っぽだったが，4つ目の巣箱には何かがいた。針のような松葉で作られた巣には，水色をした3つの卵がきちんと並んでいた。「これだよ，リンダ」。ミルトさんは言った。「君のブルーバードの巣の第1号だ。さあ，車に戻って，発見したことを書きとめておこうか。」

ディーンはトレイルの記録をつけることにし，トレイルノートにこの日の出来事を書きとめておいた。彼はオーデュボン協会の州の事務所に，毎月トレイルで見つけたことをレポートにして送るつもりだった。

「ブルーバードが見つかって，とってもうれしい。」リンダは言った。「もっとたくさん巣箱を作ろうよ。」

母さんは笑って言った。「今年は4つで十分だと思うわ，リンダ。だけど，これから何年もかけて私たちのトレイルをのばしてゆきましょう。」

地球への責任感を育む

目　的：ブルーバードトレイルの設置から手入れまで，１年間の作業を通して地球への責任感を育む。

参加者：家族単位や3人から5人ぐらいの，少なくとも大人一人を含むグループで作業をします。

場　所：森が近くにある町はずれ，またはゴルフ場や墓地などといった広々とした場所の周辺部はトレイル作りにうってつけの場所です。森の奥深くはふさわしくありません。

道　具：正確なブルーバードの巣箱の図案，板，金づち，のこぎり，巻き尺，くぎ，ノート。

進め方：あなたの家の近くにブルーバードが巣を作ってくれるかどうか，フィールドガイドで調べてみましょう。ブルーバードの巣箱の図面はNorth American Bluebird Association, Box 6295, Silver Springs, Marylandにて入手できます。

巣箱のデザインには，ピーターソン，オルソン，ヒルレイク，コンパニオンといったものがあります。一般的には，止まり木がなく直径3.5センチほどの入り口が一つあり，深さは15センチ，ざらざらしたカンナ掛けしていない板で出来た箱で，掃除や点検のために開けられる屋根があり，換気用の穴があいています。

巣箱を屋外に取りつけます。地面から1～1.5メートルほどの高さの垣根や電柱に取りつけます。もし，その場所が私有地なら，巣箱を設置する前に必ず所有者に許可をとっておくこと。低木林や森から7～30メートル離れたところで，巣箱どうしは互いに500メートルほど離して設置します。

春がやってきたら，週1回のペースでブルーバードトレイルを歩いてみましょう。はじめのうちは，ブルーバードも家賃の要らないこの新しい住まいを見つけられないかもしれません。でも，あきらめずに待ち続けてください。いつかはやって来てくれるはずです。イエスズメとミドリツバメなど，なわばり争いをする鳥の巣がないかチェックしてみてください。ブルーバード愛好家の多くは，イエスズメは他の場所でも巣作りができることを知っているので，巣箱に作られた巣を取り壊してしまうのです。ミミズやアリなどが巣を荒らしていないかチェックし，それらを見つけたらきれいに取り除いてください。大切なのは，ブルーバードの卵を見つけることです。トレイルノートを用意し，日付や場所，卵の数など，そのほかにも気づいたことを記録しておきます。州の自然保護課や北米ブルーバード協会に，データを収集している地域の団体や個人の連絡先を問い合わせ，あなたが集めたデータを送りましょう。情報を提供する代わりに，トレイルを維持している他の人々からの情報や，ブルーバードの個体数を回復させるための知識が入手しやすくなるでしょう。

地球をへの責任感を育むその他の活動

1．バードフィーダー〔エサ箱〕を設置してみましょう。秋に始めたら，冬のあいだ中，続けてください。

2．地域のネイチャーセンターに通い，年に２，３回は家族や友人と一緒にプログラムに参加してみましょう。地球を知るためのよい方法となるはずです。

3．人間は生きていくのに多くの資源を使っています。たとえば，空気，水，食料，住居，エネルギーなどです。それらのなかから一つ選び，無駄に使わないようにしながら，責任を持って地球との関係を改善してみましょう。

4．１週間，家庭から出るゴミに責任を持ってください。コンポスト，リサイクル，再利用できるはずのゴミはありませんか。それぞれのゴミの重さを量り，ゴミ削減のための目標値を決めます。１週間交代で，誰が一番多くのゴミを減らせたか競い合いながら，１ヵ月間にわたってゴミを分別し，重さを量ってみましょう。

5．定期的に行なわれている道路のゴミ拾い運動に参加してみたり，自分でゴミ拾いを始めてみましょう。距離は1.5キロぐらいが適当でしょう。

6．小学校へ上がる前の子どもたちに，家にある植物の世話をさせ，水や肥料のやり方や枯れた葉の摘み取り方を教えましょう。

7．犬，猫，荒地ネズミ，鳥，ハムスターなどのペットを飼っていたら，一週間ほど，子どもにその世話を任せてみましょう。仕事の内容をリストアップして，各項目ができたか記録してゆきます。

8．通っている教会や家の近く，または都市公園に花壇を作って世話をしてみましょう。

知っていましたか？

地表からほんの数センチのところにも，広大なトレイルが広がっていることを知っていましたか？　これらのトレイルはアリたちの住みかや巣作りの場所となっています。

マーセック家は家族でブルーバードの巣箱トレイルを作り，その維持管理に力を注ぎました。家族が一緒に作業することで，一人で動くよりもより効果的に，そしてより楽しくすることができたのです。

アリもまた社会的な生きものです。多くの仕事を成し遂げるために集団で暮らしています。女王アリは何百もの雄アリと何千もの働きアリを従えています。岩や大きな石の下をのぞいたり，アリ塚を探せばアリが見つかるでしょう。働きアリはトンネルや子育て部屋を作り，掘り出した土でアリ塚を築きます。人間のしわざや嵐などで家が壊されると，働きアリたちはそれらを修繕すべく召集をかけます。通路を作り直して卵や幼虫を新しい部屋へ移動するのです。

「小さな人間の兄弟」と北米先住民のあいだで呼ばれているビーバーも，群れをなして暮らしています。北米の森の中で一番体の大きなげっ歯類のビーバーのすばやい順応力，環境を自分に適応させる力は人間が見習うべきものです。

ビーバーは両親の住みかから離れると，自分の縄張りを築こうとします。ビーバーはまずダムを造る小川を探し，湖岸や川岸に穴を掘り始めます。ビーバーは浅瀬をまたぐように大きな棒切れを積み上げながら，流れを堰き止め，頭と前足を使って，枝のまわりに泥や石を詰め込んでいきます。ビーバーダムは通常1メートルほどの高さがあり，幅は1.5メートルから6メートルになるものもあります。もし，ダムが少しでも壊れると，急いで修復してしまいます。彼らは夜のあいだに働きます。大きな木っ端を引っぱって，水辺に引きずり下ろし，目的地まで浮かべて運びます。ビーバーは力強い前足で，小枝を押し込み，泥を広げるのです。

「小さな兄弟」であるビーバーのように，人間も自身の環境を身近に見つめ，よりタイムリーなやり方で問題の修復に取りかかりました。しかし，人間のテリトリーは，アリの巣が広がる地表わずか数センチの場所や，せいぜい数ヘクタールというビーバーの住みかの水辺をはるかにしのぐ規模なのです。54億を超える人々が地球上のあらゆる環境の下で暮らしています。そして私たちは，地球の資源を猛烈なスピードで使い果たしているのです。

1972年，国連は世界中の指導者たちをスウェーデンのストックホルムに集め，環境会議を開きました。代表者たちは人間が地球に与えた影響を認め，保全のための約束事の必要性を確認しました。この会議の結果，国連環境計画（UNEP）が設立され，109の勧告からなる行動計画が採択されました。さらに，海洋投棄を抑制したり，種の多様性を守る国際条約が調印されました。

同じ主旨の会議が1992年，ブラジルのリオデジャネイロで開催され，140を超える国から代表が出席し，地球の現況報告に耳を傾けました。このときワールドウォッチ研究所の創設者，レスター・ブラウン氏は「ストックホルム会議以降，地球の健康は危機的な状態にまで破壊されてしまった。」とのコメントを発表しました。

再び条約が調印され勧告が出さましたが，どのような承認も勧告も地球を守ることはできないでしょう。それらの条約にかかわる国々や個人がともに，実現可能な解決法や計画を実行に移してこそ，地球を守ることになるのです。使い古された言葉ですが，“Think globally, act locally（地球規模で考え，地域レベルで行動する)”こそが，私たちが心しなければならない真理なのです。

資　料

『子どもたちが地球を救う50の方法』アース・ワークスグループ編著　亀井よし子・芹沢恵訳　松岡達英絵　ブロンズ新社　1990
『子どものためのエコロジー・ワークブック』リンダ・シュワルツ著　亀井よし子・芹沢恵訳　杉田比呂美絵　ブロンズ新社　1991
『こども地球白書 1999-2000』レスター・ブラウン編著　林良博監修　朔北社　1999
『環境とつきあう50話』森住明広著　岩波ジュニア新書　1993

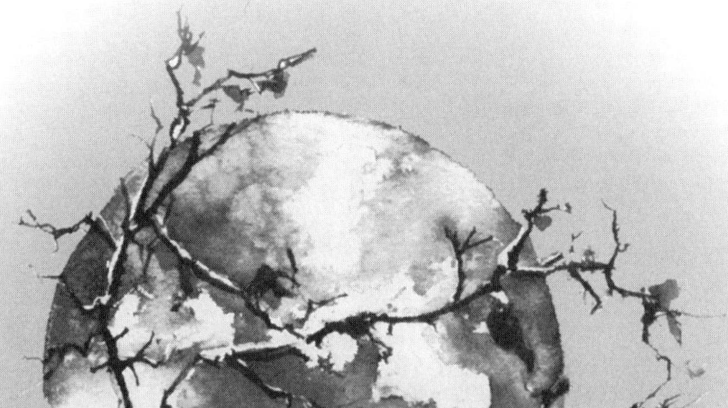

育　む Nurture

この世に生を受けてから成人するまで，人々は手厚く育てられます。子どもからお年寄まで，誰もが世話をします。ほかの誰をも世話するということは，どのような関係においても大切なことです。

誰かを愛し，一緒に暮らし始めると，そこには育みあいといった関係が生まれます。育むということは，他人を気づかい，ふれ合う能力のことです。それは，やさしさ，親切な世話，厳しいしつけ，思慮深く経験に富んだ助言，そして巣立たせる自由などさまざまなかたちで表われます。

地球と私たちとの関係もまた，他の関係となんら変わりありません。育むということは重要な要素の一つです。地球は生きていくために必要なものを与えることで，私たちを育んでいるのです。恩返しとしてふさわしいのは，地球を育むことなのです。

このセクションでは，地球の危機や，地球が長期にわたって求めている，育むための機会を探ります。

みなさんが愛を持って地球に生きるとき，地球を育むということを忘れないように。

Karlyn Holman

Nurture

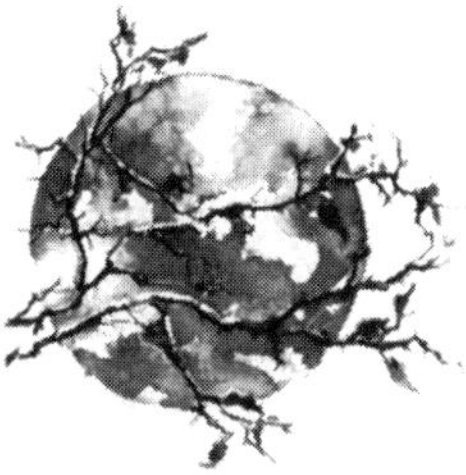

地球を
育む感じを
思い出す

呼びかけに応える

母親が，泣きわめく我が子のあやし方を教わることはありません。痛みを訴える叫びは心配心を誘い，大きな笑い声は喜びを引き起こし，何かを欲する表情を見れば自然と体が動くものです。呼びかけあいというのは，“関係”の中から自然と生まれるものなのです。

私たちは環境の危機に対する数々の叫び声を耳にします。そのような叫び声は，たいてい何らかの理由によるものですが，ことによると単なる恐れからくるものかもしれません。しかし，私たちは地球が必要としていることに対して，愛や尊敬や情熱をもって応えることもできるのです。

「海の叫び」の中の少年がクジラに向けた愛情を読みとってください。そして，エリックのように地球の叫び声に応えてみましょう。

海の叫び

エリックは寝室のドアがノックされる音を耳にした。

「15分以内に起きなさいよ，エリック。」母親が呼んだ。

エリックは寝返りを打ち，窓の外に目をやって，隣のビルの間から昇る太陽のまぶしさに目を細めながら，部屋の中に差し込む光の線を目で追った。細かいほこりの粒が光に照らされ，まるで窓から白いドレッサーへと登る通路のように見えた。彼はその道を歩けるほどに小さくなった自分を想像してみた。

「お魚さん，起きる時間だよ。」エリックは，そうささやきながらベッドの縁から足を降ろし，スリッパを探りあてると，すり足で水槽のところまで行った。3センチにも満たない小さな赤カジキが，沈めた船を矢のような速さで出たり入ったりしていた。朝の太陽は虹のきらめきを取り戻した。エリックの目はボトムフィーダーたちを探して砂利のあたりをさまよった。彼は水生植物やこの水槽の底の掃除屋たちが水をきれいにして，魚たちが住める環境を作り上げていることを教わって知っていた。

「皆が一緒になって，健康に暮らせるすばらしい世界を作り上げているのよ。」母さんはこの水槽を設置したときに話してくれた。

エリックはひざまずき，額をガラスに押しつけた。彼は光が水面でどのように反射しているのかを眺めた。さらに，彼は目を細め，水槽を透かしてみた。後ろの壁には，ザトウクジラの写真が貼ってあった。捨てられた『ナショナル・ジオグラフィック』の中にこの写真を見つけたとき，自分の水の中の世界に仲間入りさせなくてはと思ったのだ。

クジラを見て，昨年の夏に行ったアラスカへの旅行を思い出した。エリック一家はワシントン州のシアトルからアラスカ州のスカグウェーまでフェリーに乗ったのだ。その旅行には三日三晩かかった。エリックはフェリーの手すりに寄りかかって，何時間もイルカやクジラを見て過ごした。一度だったかザトウクジラが1時間以上もフェリーに並んでついてきたこともあった。時たまクジラは姿を消してしまい，エリックは水面に目をこらし，クジラが水面近くに戻ってきて波立つのを待った。クジラはエリックのすぐそばを泳ぎ，今にも彼に話しかけてきそうだった。

そんな時間を過ごすうちに，情熱がかきたてられていった。エリックはそのクジラに対して愛しさを感じ，その瞬間から，すべてのクジラが好きになった。彼は，さまざまな種類のクジラの写真や情報を集め始めた。でも，一番のお気に入りは，この水槽をのぞき込みながら，アラスカの南東部に広がる海の中で写真のクジラと自分が一緒にいるのを想像することだった。

エリックは自分の魚の１匹に，ある有名なクジラの名前をつけた。青白いナマズはモビーと名づけられた。

「あれ，モビーはどこへ行っちゃったんだろう？」エリックは気になった。水槽の底や船の後ろ，水槽の縁に沿って生えている水草の周囲も探してみた。「母さん！」大声を上げた。「どうしたんだろう？」彼は胸をどきどきさせながら台所へ駆け込んだ。

「エリック，まだ着替えてないの？」彼女はあきれてしまった。「あと15分したらスクールバスが来るっていうのに，まだ朝食もすんでいないんでしょ。」

「母さん，お願い！」エリックは目に涙を浮かべて言った。「モビーが見つからないんだ。」

「きっと水草の間に隠れているのよ。」彼女は答えた。「学校から帰ってくる頃には見つかるわよ。」

「だめだよ，母さん。今じゃないと。」エリックは母のエプロンにしがみついた。「モビーになにか起きたんじゃないか心配なんだよ。」

エリックは自分の部屋に大急ぎで戻った。母もその後ろについた。２人は大切な魚を探そうと，水槽のすみずみまで目をこらした。「僕にはわかるんだ，母さん。なにかおかしいんだよ。」

ナマズはほかの魚たちと違ってゆっくり身体を動かし泳いでいた。ヒレはたれ下がり，ほとんど動いていなかった。

「最後にエサをやったのはいつ？」母はたずねた。

「昨日の夜，ベッドに入る前。」エリックは答えた。

「先週末，水槽をちゃんと掃除した？」母は言葉を続けた。
「うーん，うん。」エリックは返事をした。
エリックの母はモビーをじっと見た。「息をするのが苦しそうだわ。」
エリックはおなかのあたりが重くなるのを感じた。エアポンプに目をやると，土曜日に水槽を洗ったあと電源を入れ忘れていたのに気がついた。水槽の中の植物は，魚たちに酸素を供給してくれるが，エリックが飼っている魚の数に十分な量ではなかった。彼は大急ぎで壁のコンセントにプラグを差し込んだ。
「これで大丈夫かな？」エリックはうるんだ目で母を見つめながら聞いた。「魚たちを傷つけるつもりはなかったんだよ。ごめんなさい。」
母はエリックの肩に腕をまわした。「そうよね。そんなことしなかったわ。ただのまちがいだったのよ。」彼女はなぐさめた。「私は大丈夫だと思うわ。午後，学校から帰ってくる頃には，今まで通りになっているわよ。」
その日，エリックは学校から帰ると，食卓の上に用意された誕生日のケーキや風船には目もくれないで家の中を駆け抜け，自分の部屋に走り込むなり，かばんをベッドの上に投げ出し，水槽の中のナマズを探した。しかし，何の気配もなかった。エリックはそのまま台所へ走って行った。
「お誕生日おめでとう，エリック……」母が話しかけようとしたが，「母さん，モビーが見つからないんだ」と，エリックは言葉をさえぎった。「死んじゃったのかな？」
母はエリックの手をとり，彼の部屋へ連れて行った。
「見てごらんなさい。」母は指差した。「モビーはあの宝箱のちょうど後ろにいるわよ。」
エリックは，ほっと胸をなでおろしながらじっと見つめた。エアポンプから空気の泡が出るたびに，宝箱のふたが開いてその後ろに隠れているナマズが見えた。
エリックは母を抱きしめた。「僕，お誕生日のことをすっかり忘れていたよ。」
母はにっこり微笑むと，大きな白い封筒をわたし，二人はソファーに並んで腰をかけた。
エリックは封を切り，中から手紙を取り出して読んだ。

親愛なるエリックへ
　クジラの里親プロジェクトへようこそ。あなたが里親になってくれたザトウクジラに代わって、お礼を申し上げます。あなたが里親になったクジラは、パッチーズという名前で、1980年にはじめて調査団によって発見されました。この有名な雄クジラは、1991年を除いて毎年その姿が目撃されています。1992年５月には、ボートの近くでブリージング（水面におどり出ること）したり、フリッパースリッピング（前ビレをピシャっとうちつけること）をしたりして、クジラを見にやって来た人々を驚かせました。

　エリックは母の顔を見上げた。「封筒の中身をよく見てごらんなさい。」と彼女は言った。「なにかほかにも入っているわよ。」
　エリックは封筒の奥のほうを手で探ってみた。そして，ザトウクジラの写真を一枚とTシャツ，クジラのポスター，それから「あなたが里親となったクジラの最新情報を，今後継続的にお知らせします。」と書かれた契約書を取り出した。
　「このクジラは，いまも大変な目にあっているのよ，エリック。」母は説明した。「今朝のあなたのナマズのようにね。世界中の人々がこれと同じ種を含めすべての種のクジラたちを救う方法を探し出そうとしているの。」
　「ありがとう，母さん。」エリックは母を抱きしめながら言った。「僕，パッチーズをモビーに紹介するよ。」エリックは自分の部屋に行くと，水槽の後ろに貼ってあった古い切抜きをパッチーズの写真に取り替えた。

地球の危機に応じる

目　的：子どもが心からの愛をもって，環境の危機に応えられるようにすること。

参加者：小学校低学年の小グループ，または家族。

場　所：教室や家庭。

教　材：対象によって異なる。

進め方：子どもが自然の中で特に興味を持っているもの。たとえば動物，鳥あるいは川や湖といった自然をよく知ることが，この活動のポイントとなります。

まずはじめに，子どもが自然への興味や愛情を育むことができるようなプロジェクトを教室や家庭で見つけ出すことです。その活動が，後々大きな課題に結びついていく可能性があることを心にとめておきましょう（たとえば，動物の世話が絶滅の危機に瀕している種への関心へと発展したり，水槽の世話をすることで海洋問題への関心が芽生えたりするかもしれません）。

毎日の家事など，そのプロジェクトのすべての部分に，子どもが責任を持って携われるようにしましょう。子どもたちの中から生じた感情だけではなく，事実から学びとった事柄に関しても話し合うようにしましょう。感情を表現することは，この“世話をするプロジェクト”を持続していくときに大変重要なことです。このことだけで，数ヵ月かかるかもしれません。

問題が生じたら（動物が病気になったり，植物が病気や水枯れで弱ってしまったら），子どもたちがその危機を解決してゆく手助けをしてください。

世界中で似たような問題があることに気づけるように手伝ってください。「海の叫び」では，子どもの水槽がクジラの世話への導いてゆきました。母親は国際野生生物連合からクジラ里親プロジェクトの会員資格を得ました。住所は以下の通りです。

Whale Adoption Project, International Wildlife Coalition,
634 N. Falmouth Highway, P. O. Box 388,
Department 93 LE, North Falmouth,
Massachusetts 02556-0388 USA.

環境危機に応じるその他の活動

1．スーパーマーケットに立ち寄り，そのお店で売られているペットボトルの水の種類を数えてみましょう。そして，お店の人に，10年前には何を売っていたのか，それはどうしてなのかたずねてみます。ミネラルウォーターの生産の増加を招くような，どのような水問題があなたの暮らす地域にあるのでしょう？　水質を改善するような努力が地域でされていますか？

2．新聞やラジオのトークショー，地域の政治家や環境保護団体との話し合いから，みなさんが暮らす地域の環境問題を突きとめてみましょう。そのなかで，現在のもっとも差し迫った環境問題とはどのようなものでしょうか？　それに対して，みなさんの家族や学校の友人，そしてあなた自身ができることはありませんか？

3．みなさんが湖や川の近くに住んでいたら，釣り具屋へ行って，その水辺に生息する魚の個体数と，この数年間の個体数がどのように変化してきたか，あるいはしてこなかったのかをインタビューしてみましょう。そして，そこの店長さんから，魚の個体数の変化の原因について思いあたることを聞いてみましょう。アメリカ合衆国北西部および北東部とカナダでは，酸性雨と酸性雪が魚の減少の主な原因となっています。

4．ビジネスのやり方や生産工程を変えることにより，環境問題の解決に向けた行動を起こしている自治体や一般企業に手紙を書き，その努力を支持しましょう。多くの企業は発泡スチロールやプラスチック製品を用いるのをやめたり，製品検査に動物を実験に使わない方法を見つけたり，エネルギー効率の良いモデルを開発しています。

5．上院・下院議員たちの，環境事案に関する投票結果一覧を手に入れるために，女性有権者連盟に手紙を書きましょう。環境悪化に立ち向かう一つの方法は立法化することです。

6．地域，州，国レベルの環境保護団体を支持しましょう。団体の多くは，人々の地球への強い好奇心を喚起したり，環境問題の解決法を記した教育的な資料を提供しています。

7．墓地に行き，100年以上経過している墓石に注目してください。風や雨，植物の成長の結果と思われる風化現象を探してみましょう。次に，過去10年間のうちに建てられた墓石を探しましょう。どんな風化現象がそれらの墓石には見られますか？　酸性雨や酸性雪は，石油や石炭による火力発電所や工場，車からの排気物質が雲と混ざり合うことによって生成されます。その結果，酸性雨や酸性雪は植物，森林，魚，水環境を蝕み，石や金属類さえ溶かしてしまうのです。

8．けがを負った生きもの，たとえばコマドリやリスなどを見つけたら，その動物の親が迎えに来ないかしばらく待ってみましょう。そして，もし動物や鳥がしばらく現れなければ，獣医や近くの動物リハビリセンターに連絡をとって，けがをした生きものの処置方法を問い合わせ，世話しましょう。

9．年上の子どもには“フロンガス捜索”に行かせてみましょう。台所や洗面所の戸棚の中や，車庫や地下にエアゾール缶が置いていないか調べます。オゾン層の破壊はこのエアゾール缶の使用が関係しているのです。次に，スーパーマーケットに行き，これらの製品に代わるものを探しましょう。買う製品を変えることで，地球をいたわることを約束しましょう。

知っていましたか？

エリック以外にも地球への深い責任感と愛から，環境問題に対処した人々がいることを知っていましたか？

フランスの少年，ジャック・クストーは海，そして海面下に広がる魅惑的な世界を愛することを学びました。子ども時代を海岸で過ごした彼は，人生を賭けて深海や海に暮らす生きものたちを追い求めました。

若い頃，彼はあるパリのエンジニアと一緒に海中でも呼吸ができる装置を設計しました。それまで，海洋探検には非常に複雑な道具が必要でした。この圧縮空気タンクの発明により，クストーは世界初のスキューバダイバーとなったのです。この発明から10年の時がたち，クストーは，海は天然資源で満ちていて，人間に豊かな食料やエネルギーを供給してくれていると確信しました。彼は第２次世界大戦で用いた掃海艇を改造し，「カリュプソ」と名づけました。カリュプソ号の使命は海洋の生態系を調査し，それを写真におさめることでした。

クストーは海中の航海をフィルムと日記に記録し続けました。そして，この沈黙の世界を映像にし，本を出版して海へ寄せる想いを世に表明したのです。彼の仕事は，1966年にはテレビシリーズとなった「ジャック・クストーの海の世界」によって，アメリカ中の注目を集めました。サメ，クジラ，サンゴ礁，水生ガエル，ゾウアザラシ，イカの生態が世界中のお茶の間で見られるようになり，クストーの冒険や発見に視聴者は惹きつけられていきました。

クストーがいつものように，30年来続けていた地中海でのダイビングに出かけたときのこと，これからの生き方を変えてしまう発見をしたのです。クストーと彼の仲間たちは，この慣れ親しんだ海でダイビングしていて，魚が少ないことに気づきました。30年前にはイワシやスズメダイの群れと一緒に泳ぐことができたのに，今では顔を合わすことすらなくなってしまいました。彼らと一緒に泳ぐ魚はいなくなってしまったのです。そして，地元の漁師たちがクストーらの観察を裏づけました。以来，クストーの調査は，「海の危機への対応」といった今までとは違う使命を持つこととなりました。もし，人が自然に対する畏敬の念や驚きの感情を抱き，自然へと惹きつけられるとしたら，同じようにその場所を守る行動へと惹きつけられていくのではないかと彼は考えたのです。クストーは自分が探検した海の中に広がる世界だけではなく，地球上の生きものすべてが網の目のように関係しあっていることに気づき，この宇宙すべての守り人となったのです。『ジャック・クストー：海の守り手』の中で彼はこのように自分のことを書いています。

「私は地球が一つの生命体であるかのように，繊細にバランスをとりながら一つのシステムとして，限りなく変化し続けるものであることに気づいたのです。海と断崖，木と砂漠のように。」

砂漠と砂漠に暮らす人々を守る擁護者であるメアリー・ハンター・オースティンは，1868年イリノイ州の農村地域に生まれました。高校を卒業するとまもなく，カリフォルニアの入植地への旅に出ました。彼女はシエラネバダに腰を落ち着かせると，そこに広がる砂漠に魅了されてしまいました。そして，作家として，活動家として，砂漠へ寄せる想いを表現しました。小説家，詩人，随筆家，脚本家として過ごした生涯において，35冊を越える書籍と何百もの短編を書き上げたのです。

彼女の処女作『雨の降らない場所』では，メヌキート豆とメサ台地に寄せる自身の想いが「砂漠の秘められた魅力とは，人生の成功の鍵である。」と表現されました。彼女は読者に，その秘密が知りたければ，観光客としてではなく砂漠へおいでなさいと誘いました。ただ小さな丘に踏み込むのではなく，国境を越え，彼女の家の玄関に立ちドアをノックするよう呼びかけたのです。「そのときはじめて，愛する人から愛される感動のように，砂漠の命のざわめきを感じとることができるでしょう。」

オースティンの砂漠の描写では，地球と人間との調和が強調されています。この雨がほとんど降らない土地で，先住民やヒスパニック系の人々のバランスのとれた暮らし方を守るために彼女は闘いました。1905年，この地域から水を引くという問題が浮かび上がってきました。オースティンは土地改良局から示されたこの提案に真っ向から反対しました。それから20年後，彼女は大きく成長し続けるロサンジェルスの街までコロラド川の水を引くことに異議を唱えるセブンステイツ会議（七州会議）の代表団の１人となりました。『雨の降らない場所（THE LAND OF LITTLE RAIN）』の中で，オースティンはこんなことを書いています。「時間のない忙しい人たちと同じで，どんな水なのかも分からない水道水に，親近感を持つことは非常に難しい。我われは，朝夕のせせらぎの調べに耳を傾けるために，灌漑用水が小川だった頃のことを知っていなければならないし，その近くに住んだことがなくてはならない。」オースティンが南西部の砂漠に抱いている親近感と，そこに暮らす人々に寄せる愛情が，第二の故郷のすばらしさを永遠に変えてしまうかもしれない，環境問題をくい止めるための行動を起こす原動力となったのです。

この二人以外にも，この地球上には自分が生まれ育った土地を愛した人々がいます。チコ・メンデスはブラジルにあるアマゾンの熱帯雨林で育ちました。アマゾンの熱帯雨林は，9700万ヘクタールもの土地にさまざまな生きものが複雑にからみあっている織物のようなところです。科学者たちは，先住民たちが何世紀も前から知っていたことを見つけ出しました。それはこの熱帯雨林という生態系の驚異的な多様性です。５万種を越える植物，3000種を越える魚，何百もの昆虫たちを支える230種もの樹木があります。

メンデスが９歳のときから，父は彼に微妙なバランスの上に成り立っているアマゾンの森での生き方を教えてきました。人々は環境全体の生命を守りながら，森林資源であるゴムの木から恵みをいただいてきたのです。ゴムの樹液採取者にとって，健全な森は頼みの綱です。人々は採取する木を変えたり，場所を変えるよう伝えてきました。こうすることによってゴムの木の回復を促し，先住民たちの暮らしを保ってきたのです。

一方，森を破壊することで生計を立てている人々もいます。木材会社，牧場主，農場主たちは毎年広大な森を伐採しています。増加し続ける人口，加速し続ける大量消費がこの破壊を招いているのです。メンデスや他のゴム樹液採取業者は，ブラジル政府に書簡を送り森林を救うための闘いを挑みました。彼らは組織を作って活動を始め，平和的な抗議行動はしだいに木々のまわりに人の輪を作りあげていったのです。さらに，世界中の人々や団体と連携し，この熱帯雨林の破壊は国際的な問題となってゆきます。1987年にはメンデスの熱帯雨林を救う努力が認められ，国連からよりよい世界環境を保護する人々に送られる賞，ベターワールド協会の環境保護メダルが授与されました。しかし，この闘いの最中にメンデスは反対派に殺害されてしまいました。

地球を思いやること。それは海であれ，砂漠であれ，熱帯雨林であれ，愛する心から起こる行動の一つであり，相手を認める行動なのです。将来，地球でより良く暮らすためには，今から地球の世話をしなければいけないのです。クストー，オースティン，メンデスの三人は地球を愛し行動を起こした人々なのです。

資　料

『地球を救おう―活動マニュアル』ベティ・マイルズ著　金原瑞人訳　ほるぷ出版　1992

『エリセラさんご』水木桂子文　和田誠絵　リブロポート　1986
『海のそこへ――フリズル先生のマジック・スクールバス』ジョアンナ・コール文　ブルースディーギン絵　藤田千枝訳　岩波書店　1995
『海はもうひとつの宇宙』（たくさんの不思議）高頭祥八文･絵　福音館書店　1985
『海に何が起こっているか』南文威, 小池勲夫編　岩波ジュニア新書　1991

Nurture

地球を
育む感じを
思い出す

思いやり

地球を大切にする簡単な方法があります。駐車場への道すがらに置いたバードフィーダーにエサを入れてやったり，森の中のトレイルを歩きながら捨てられた缶を拾ったりといったことです。

しかし，なかなかうまくいかないこともあります。普段の暮らしが地球を意識させないようになっているからです。自分たちの生活が地球から離れてしまったときこそ，意識的に地球への思いやりを示すことが大切となってきます。

たとえ野外から離れていても，地球を愛することができると気づいたトニーを見習ってみてください。日々の注意深い生活を心がけて，地球に対するあなたの愛情を紡いでください。地球との遠距離恋愛を始めませんか。

アウトドアーから遠く離れて

「駐車スペースを探しながらアラスカまで行ってしまいそうだよ。」ドレックは後部座席から叫んだ。

「ドレック，大げさなことを言うなよ。」兄のトニーは隣でどなった。

「大げさなんかじゃないよ。」ドレックはすかさず答えた。「見てみなよ。今日のショッピングモールの混みようったらないよ。屋上しか空いてないじゃないか。屋上についてる名前を知ってる？　アラスカって名前なんだよ。全然大げさなことなんて言ってないさ。」

トニーは黙っていた。

母親は屋上の空きスペースに車をとめながら，沈黙を破って口を開いた。「トニー，怒るのはやめてちょうだい。今日は楽しみましょうよ。あなたがこの週末，森の中のキャビンで過ごしたいことはみんなわかっているわ。でもね，今日は新学期の準備の買い物に行ける唯一のチャンスなのよ。夏休みの週末はまだあと 2 回あるじゃないの。そのときにはきっと行きましょうよ。」

「自然のあるところへ行きたいんだ，母さん。」トニーは額を窓にあてながら返事をした。「おじいちゃんと同じさ。街中のこんなところより湖の方がいいんだ。それに，ショッピングモールなんて見ようが見まいが僕にとってはどうでもいいことなんだ。」

「あなたが自然をそれだけ愛していることは，よく知っているわ。」母はそれでも微笑みながら言葉を続けた。「だけど，今日のお出かけはなんとか我慢しなくちゃ。」彼女は車の外で 2 人の下の子どもの横に立ち，トニーを待った。「それに，ジェニーおばさんがここで働いていて，私たちにモールを案内することを楽しみにしているのよ。キャンプスヌーピーの入り口で会う約束なのよ。」

弟と妹が先頭になって駐車場からモールへと続く廊下を歩いて行くあいだ，トニーは，キャンプスヌーピーなんてばかばかしい名前だと，ぶつぶつ文句を言っていた。
　モールの中に入ると，母はトニーに向きなおった。「トニー，この木々を見てごらんなさい。空気がしっとりしているように感じない？　ここには自然がいっぱいあって，熱帯雨林のような香りがするじゃない。」皆を取り囲むように大きな木々が立っていた。そこは広く，屋根は高くアーチ状になっているので，室内とは思えない感じだった。
　しかし，トニーにはそう思えなかった。「こんなの自然とは言えないさ。」口をとがらせて，「何もかもが人工的じゃないか。」
　トニーが言葉を続けようとしたとき，ジェニーおばさんがやってきた。「怖い顔してどうしたの？　まわりの誰もが楽しんでいるというのに，あなたたちときたら悪い知らせでも受け取ったみたい。どうしたの？」
　すると母がわけを話し始めた。「今日の悪い知らせは，トニーがここに居なければならないことね。彼は夏休みのあいだの週末はいつもキャビンで過ごせるものだと思っているの。そして，今私たちもみんな同じ気持ちに違いないって，確めようとしているところなの。」
　ジェニーはトニーを見てにこりとした。「わかるわ，トニー。私も夏のあいだはキャビンで過ごして大きくなったし，キャビンにいる方がよっぽど好きだったわ。あなたのおじいさんがその楽しい生活を教えてくれたのよ。」
　トニーは納得しなかった。「みんなその方がいいって思ってるんなら，どうして僕たちは今ここにいるのさ。」彼はベンチへ歩いて行き，腰を下ろした。「僕はここで待っているよ。」
　弟たちはジェットコースターから聞こえてくる歓声に心惹かれていた。「乗り物に乗ってもいい？」と母にたずねてみた。
　「買い物が終わったらいいわよ。」「トニー，あなたも来るのよ。機嫌を損ねたせいで，ずいぶん時間を無駄にしたわ。さあ，行くわよ。」
　ジェニーはトニーの肩に腕をまわして話しかけた。「このモールにいても，地球とつながっているのよ。どうしてだか，歩きながら確かめましょうか。」
　「それがこの“熱帯雨林”とかいうやつのことなら，全然感心しないよ。」トニーはこともなげに答えた。

ジェニーは自信ありげに言った。「私が言う地球とのつながりっていうのはね，モールの中にお庭がある，なんてことよりもっと大切なことなのよ，トニー。」
謎めいた言葉につられたのか，あきらめたのか，トニーは家族のあとについて歩きだした。
ドレックの案内でノースガーデンストリートの近くまでやって来た。そこは昔ながらの夏の買い物が体験できるようになっていた。トニーには母さんがいらいらしていることがわかっていたので，いつもよりたくさんズボンを試着させられる覚悟をしていた。ウエストマーケットと呼ばれるエリアに入ったとき，ジェニーの謎めいた言葉が頭をよぎったが，どういった意味なのかわからなかった。この場所と，愛する自然との接点など想像もつかなかった。
「ジェニーおばさん，僕をひっかけようとしているんじゃないの？」トニーは話しかけた。
「あら，ひっかけてなんかいないわよ。トニー。」彼女は笑みを浮かべ，その秘密を楽しむように答えた。
二人はトニーの母親，妹，弟たちに追いついた。「キャンプスヌーピーへ行こうよ。」末っ子のベスがわめいた。「もう買い物はおしまいでしょ。」
「お腹減った。」ドレックは一番近いレストランを探しながら言った。
「食事，いいわね。」ジェニーもつけ加えた。「じゃあ，まず食事をとってから，私が働いている所を案内しましょう。そうしても，キャンプスヌーピーで乗り物に乗る時間はあるわね。なにか食べてお腹がふくれれば，トニーも謎を解くことができるでしょう。」
ジェニーは各国料理が並ぶ大きな食堂街にみんなを連れて行った。3人の子どもたちはハンバーガーとフライドポテトに決めた。トニーはあまりにお腹がすいていたので，問題を解くことすら忘れてしまっていた。食事が終わり，テーブルを片づけていると，「ヒントをあげるわ，トニー。」おばさんがごみ箱の方へ行きながら話しかけてきた。「気持ちよくなってきたでしょう。」
「どういうこと？」トニーはぶっきらぼうに言い返した。「リサイクルとどういう関係があるの？　こんなこと学校でいつだってしているよ。たいしたことじゃないさ。どうして自然と関係があるのか，僕にはさっぱりわからないよ。」

食堂街を出ると，ジェニーおばさんが先頭に立った。「ついて来て。どういうことなのか教えてあげるわ。」トニーは文句も言わずに従った。「私の職場に向かっているんだけれど，そこに着いたらきっと謎が解けると思うわ。歩きながら説明するわね。」

ジェニーはトニーとほかの2人の子どもたちが追いつくまで立ちどまった。「おじいちゃんが2年前に亡くなったとき，みんなでおばあちゃんを助けるために何をするって決めたか覚えている？」

トニーは問いかえした。「キャビンの世話を受け継いだこと？」

ジェニーは立ちどまり，みんなの方へ向きなおった。「そうよ。おじいちゃんがあんなにも愛していた湖のほとりの土地を，おばあちゃんが手放そうとしたとき，私たちが代わりにキャビンの世話をすることを決めたのよね。それまでのようにするために，みんなで力を合わせているわね。それは，おばあちゃんに対する愛情でもあるし，おじいちゃんの思い出を敬うことでもあるのよ。」

「定期的におばあちゃんへ手紙を書くことも決めよ。」ベスはつけ加えた。

「そう，たとえおばあちゃんと一緒にいられなくても，それがおばあちゃんを想っているって伝える方法なの。」ジェニーは答え，みんなは再び歩きだした。「まったく同じとは言えないけれど，このショッピングモールを設計した人のなかにも，地球を愛する人たちがいて，たとえ地球上の美しい場所から遠く離れていても，地球への愛を表す方法があるって考えたのよ。」

歩きながら，ジェニーはまた別のリサイクルボックスを指差して続けた。「リサイクルは地球への愛を表すとっても大切な方法なの。このショッピングモールから出るゴミの半分以上は，リサイクルされたり，再利用されたりしているのよ。ダンボール，ガラス，紙，アルミニウム，スチール，プラスチック，発泡スチロールはすべてリサイクルされているわ。それに，ハンガーも再利用されているわね。ショッピングモールに入っているどのテナントも，リサイクルの指導を受けているの。下の階では，20人の常勤スタッフがリサイクルの仕事をしているわ。」

「どうしてそんなスタッフのことまで知っているの？　ジェニーおばさん。」ドレックはたずねた。

3階へ行き，あるお店に近づくと，ジェニーが口をひらき，「ここで働いているのよ」と誇らしげに答えた。「ここがBFIリサイクル・ナウ・センターよ。」

「リサイクルセンターって何か売ってるの？」トニーはきいてみた。

「なにかを売ったりはしていないの。」彼女は答え，みんなはベンチに腰を下ろして話を続けた。「ここはショッピングモールにやって来た人たちが，環境やゴミの捨て方について学ぶ教育センターなのよ。」彼女は座っているベンチを軽くたたいた。「このベンチは何でできていると思う？」

ドレックは自信なさげに答えた。「灰色の木みたいだけど。」

ジェニーは笑った。「ドレック，これは木材に見えるかもしれないけど，本当はリサイクルされた牛乳ボトルなの。それからこのカーペットはジュースのペットボトルからできているのよ。」

トニーは興味がわいてきた。「このショッピングモールは全部，リサイクルされたものでできているの？」

「ほとんどのものはそうね。できれば，いろんな人に教育をして環境にやさしい建材をもっと使ってもらいたいの。」

「おばさんの言いたいことがわかったみたい。たとえ街中にいても，自然への愛を示すことができるってことでしょ。僕たちが買う物や，それをどうやって捨てるかってことは，おばあちゃんへ送る手紙のようなものなんだ。」

「その通りよ，トニー」。ジェニーは答えた。「さあ，センターをひとまわりしたらキャンプスヌーピーへ行きましょう。」

地球を思いやる

目　的：みなさんのご家庭や学校，会社でリサイクルを始める。

参加者：大人の方や，指導者のいる児童，生徒ならこの活動を行なうことができます。もし，あなたの街に回収システムがないのなら，運転手も必要です。

場　所：地下室，裏口，倉庫。

教　材：ガラス，紙，アルミニウム，金属，プラスチックのゴミを分別するための頑丈な箱。紙やダンボールを束ねるひも，缶をつぶす道具や新聞紙をストックしておく箱があると便利です。

進め方：あなたの地域に，どのようなリサイクルプログラムがあるか確認してみましょう。アメリカの26以上の州と多くの街では，リサイクルが義務づけられています。それ以外の地域でもリサイクルセンターがあるはずです。

もし，あなたの地域にリサイクルセンターがあれば，見学に行ってみましょう。そして，担当者にリサイクルされたものがどこへ運ばれ，どんな製品へと生まれ変わるのかを聞いてみましょう。

あなたの地域では，どのような物がリサイクルされているか調べてみましょう。ここ数年，新聞，上質紙（コピー用紙，文房具，コンピューター用紙），ガラス（透明，緑，茶色），金属缶（アルミニウム，鉄），ワックスのかかっていないダンボール，車のバッテリー，モーターオイル，プラスチック（容れ物のどこかに１～６までのリサイクル番号が書かれているもの）などがリサイクルされ，市場を作ってきました。

このような資材をリサイクルするためには，紙やダンボール，新聞紙は束ねるか箱の中に入れなければなりません。ガラスは色によって仕分けし，金属のキャップやリングは取り除かなくてはなりません。空き缶はその種類（アルミニウム，鉄）によって分け，ペットボトルはキャップを取ってください。ガラスやプラスチックの容器は中をゆすぐことも忘れずに。

廊下の片隅や倉庫，地下室に自分たちのリサイクルセンターを設けましょう。仕分けしやすいように頑丈な容器を並べて置きます。夕食の片づけが終わったときや学校や仕事が終わったあとなど，家族や同僚，クラスメイトがその日のうちにリサイクルできる物を入れられるようにしましょう。

容器が一杯になったらリサイクルセンターに運ぶための車が必要になります。

お友だちや職場の同僚にも，自分の家に“リサイクルセンター”を設置するように勧めてみましょう。

地球を思いやるためのその他のアイディア

1．トイレットペーパーもめぐりめぐっているのです。色のついたトイレットペーパーは有毒物質を放出しています。お店に行き白いペーパーのを探しましょう。そして，再生紙を使ったトイレットペーパーやティッシュ，ペーパータオルを選ぶようにしましょう。

2．スーパーマーケットへ買い物に行くときは，買い物袋を再利用したりリサイクルしたりしましょう。茶色の買い物袋は強くて長持ちしますし，何度も使えるでしょう。ほかにも，がっちりした布の袋を買ったり，家庭や学校で作ったりしてみましょう。

3．プラスチック容器を使っていない商品を買うよう心がけましょう。プラスチック容器の製造には再生できない資源（石油）が使われています。それに，現在のところ，ほんの数種類のプラスチックしかリサイクルすることができません。過剰包装に注意しましょう。一つひとつが包装されたものを買わず，まとめ買いをするように。

4．環境団体や環境省，先住民を支持する団体から本やプレゼントを買うようにしましょう。

5．それほど明るい光が要らないときは，できるだけ自然の光かワット数の低い電球を使いましょう。白熱灯は蛍光灯に変えましょう。地元の電力会社に問い合わせ，ハロゲン電球の購入方法を聞いてみてください。

6．買い物上手になりましょう。買い物ガイドを一冊買って勉強したり，耐久性のある商品を買いましょう。

7．着なくなった服はリサイクルしましょう。家族や友人にまわしたり，地域のリサイクルショップに持って行ったりします。着古した洋服を雑巾にしたり，パッチワークの布団をペット用に仕立て直したりしてみましょう。

8．友人や家族と共同で新聞や雑誌の定期購読をしましょう。購読している雑誌の営業担当者に，再生紙や再生できる紙を使うように勧めてみることもできます。

9．パンを買ったときの袋や，買い物をしたときのビニール袋は再利用しましょう。石鹸水で洗って，ちょうどよいラックに干しておきます。そのラックをデザインし制作することは家族にとって楽しい活動になるでしょう。

10. 教会や会社，学校，4-H クラブ〔Head, Heart, Hands, Health の頭文字を名前にしていて，知識，心，技術，健康向上をモットーに農業技術の向上と市民教育を主眼とする農村青年教育機関〕，ボーイスカウトなどの物品購入の担当者と話し合い，発砲スチロールの容器や製品をできるだけ使わないように頼んでみましょう。これらの製品を使うとオゾン層の破壊につながります。

11. 毎週，買い物に出かけるとき，どういった製品を買っているのかを調べてみましょう。レジへ行く前に，どの容器がリサイクルやリユース（再利用）できる物なのか確かめましょう。どういった製品を回収しているのか，市のリサイクル担当者に連絡をとってみてください。それでも，最終的にゴミ箱に行ってしまう容器は，環境にやさしい製品を使いましょう。

知っていましたか？

みなさんが購入して地球に戻す，がらくたや有毒廃棄物の量を制限することが，長期にわたって地球を守ることにつながると知っていましたか？ 有害物質が含まれた製品や過剰な包装がされている物，使い捨て容器に入った製品は，地球に悪い影響を与えるのです。地球を思いやる消費者は，お店で物を買う前に環境に優しい選択やプレリサイクル（事前リサイクル）をすることで責任を果たすことができます。

どうして買い物の習慣やゴミの出し方に気を配ることが，地球のためになるのでしょうか？ それには，二つの理由があります。一つは場所の問題です。アメリカのゴミの埋立地は満杯になりつつあります。2000年までには今の埋立地の半分以上が満杯になってしまうでしょう。アメリカ人は毎日一人あたり平均1.5キロのゴミを出します。1960年の1.2キロから比べるとかなり増えています。アメリカ合衆国は世界のどの国よりも多くのゴミを出しているのです。ちなみに日本では，1995年現在で一日あたり一人平均1.1キロのゴミを出しています。毎年出される1億8000万トンの廃棄物，そのうちの158トンがそのままの状態で放置されています。これらのゴミはリサイクルすることで資源として利用することができるです。

二つ目が本当の理由で，環境に敏感な消費者になるからです。生態系の中では，生のままの素材は地球に戻ることができ，資源を再利用することができるのです。水の循環を考えてみてください。雨は地下に染み込んでいきます。植物がその地下水を吸い上げ，蒸散によって水を大気へと戻しているのです。地球上の水は45億年ものあいだ，何度も何度も繰り返し使われてきているのです。鉱物資源や他の多くの物質が同じような循環システムを持っています。しかし，人間は資源を使い過ぎていて，ものすごいスピードであらゆる物質を使い尽くしつつあるのです。これらの循環が断ち切られてしまうと，最終的にある場所の養分は枯渇し，ある場所では養分過多になってしまうのです。この循環の輪が断ち切られた状態が，局地的な大気汚染や限度を超えた湖の富栄養化など回復できない資源の枯渇を招いているのです。天然資源を保護する目的は，この断ち切られた循環の輪を元に戻してやることでもあるのです。

現在，私たちが出すゴミの13％しかリサイクルされていません。残りの大半（73％）が埋め立てられています。残りの14％が焼却され，発電に利用される場合もあります。かつて海岸近郊の多くの地域では海洋投棄が盛んに行なわれていましたが，今では禁止されています。

私たちのゴミの構成は家庭によって，また都市によってさまざまです。しかし，平均するとゴミの34.2％が紙類，20％が園芸ゴミ，8.5％が残飯，7.1％がガラス，8.4％が金属，9.1％がプラスチック，12.7％が布・ゴム・木材・瓦礫となっています。これらの数字には工場や農・牧場から出る産業廃棄物，廃棄自動車や下水汚泥は含まれていません。もし，庭や台所から出たゴミがコンポスト（バクテリアや微生物の働きにより，ふかふかな土壌が作られる分解の過程のこと）されたら，30％のゴミが地球へと戻り，土壌を豊かにしてくれるのです。もし，このリサイクルシステムが国中で徹底されれば，さらに25％のゴミが削減されます。今では，全米の半分以上の州，1000の地方自治体，6つの大都市において，リサイクル法が制定されるようになりました。

資　料

『地球の未来は明るい――ボランティア＆市民活動徹底ガイド』ジェフリー・ホレンダー，グループ環編著　ダイヤモンド社　1995

『子どもたちが地球を救う50の方法』アース・ワークスグループ編著　亀井よし子・芹沢恵訳　松岡達英絵　ブロンズ新社　1990

『子どものためのエコロジー・ワークブック』リンダ・シュワルツ著　亀井よし子・芹沢恵訳　杉田比呂美絵　ブロンズ新社　1991

『ゴミはどのように地球をよごすのか？』トニー・ヘアー著　細谷晶訳　偕成社　1992

Nurture

地球を
育む感じを
思い出す

休　息

どんな生き物もいつかは休息をとらなければ生きていけません。それが私たちの自然のサイクルなのです。子どもたちは無限のエネルギーに満ちているかのように走り回っているかと思うと，いつの間にか母親の腕の中で体を丸めてお昼寝をしてしまいます。イモムシはマユの中で静かに休み，チョウへと変態します。バンクス松の種子は松の中で静かに休み，木として育ちゆくその瞬間を待っているのです。

地球と調和して生きていくためには，ときに休息を必要とします。地球とともに休息をとりましょう。

何もやることがない

「何もやることがない。」9歳のベッキーはため息をついた。「退屈だな。」

8月20日のことだった。ベッキーが友だちの輪の中や，忙しいスケジュールへと戻る新学期が始まるまで，あと1週間。この夏は数え切れないほどの冒険を体験したけれど（イエローストーンでのラフティング，キャンプで過ごした2週間，そのほかにも短期間の旅行），夏休みも残すところあと数日となると，いつもきまってこの文句が口から出てきてしまう。

「どうしてお友だちに電話をして誘わないの？」母のサラは言った。

「メーガンは町にいないの。」ベッキーはぶっきらぼうに答えた。

「だったら，おばあちゃんからお誕生日にいただいた刺繍を始めてみたら？」サラはまた違う提案をしてみた。

ベッキーはため息をつきながら答えた。「そういう気分じゃないの。」

「わかっているわよ。これからキュウリとトマトを摘みに行くのを手伝ってくれてもいいわよ。」とサラはちょっとからかって言ってみた。

ベッキーはふんぞり返って母をにらみつけた。

「ねえねえ，母さんはいくつかやれそうなことを言ってみたんだけど，何をやるかを決めるのはあなたよ。」

「そうなんだけどね，ママ。何かやりたいのよ。」ベッキーはすばやく返事をした。「なのに，そのやりたいことが何なのかわからないの。」

サラは腕を伸ばして娘を抱きしめた。「一緒に自転車に乗ろうか？」

ベッキーはそれほど乗り気ではないように見えたが，うなずきながら言った。「じゃあ，ルースに電話してみる。」

自転車に乗りたくてうずうずしているサラは続けた。「そのあいだに，弟にも一緒に来ないか聞いてみるわね。ほかにも何人かお友だちに電話してみたらいいわ。」

30分もたたないうちに，7人が街の裏通りや小道を自転車でやって来た。

サラはこの一団の後ろについた。子どもたちは近くの港や鉄工所をめぐり，最後に墓地にたどり着いた。道路や小道があって，自転車レースをするのにうってつけの場所だった。サラは自転車をとめて，子どもたちの遊びを眺め，その迫力や持久力に驚いた。

ゲームの興奮から冷めると，サラはハクトンの滝まロングツーリングに行こうと誘ってみた。ハイウェー沿いを５キロほど一列になって自転車を走らせた。滝まであと1.5キロというところから砂利道になった。ここで自転車を置き，サラは湖に突き出した松の並木を見下ろした。赤茶色の根は岩棚の少しばかりの土にしがみついていた。

でも彼女は反対側の滝の上流の峡谷に心をうばわれた。その峡谷は，今でこそ谷底にちょろちょろと水が流れているだけだが，洪水のたびに削られてつくられたものだった。ここは，地元の人たちにすらほとんど知られていなかった。サラは一度だけ大人の友人たちとここを訪れたことがあった。そのとき，サラはこの場所に宿る大いなる力に胸を打たれた。誰の口をも黙らせてしまうような静寂の力。

この，静かにしていられない子どもたちを，静かな場所に連れて行くことにサラはためらいを感じていた。それでも，連れて行ってみないではいられなくなった。

「ねえ，母さん。」ベッキーが呼んだ。「行こうよ。」

滝へ通じる道の入り口で，サラは峡谷までのあいだは静かにするように子どもたちにささやいた。これは難問だな，と思いながら言ってみたが，子どもたちは素直に聞き入れ，ぎこちない沈黙の中を１列で歩いた。

道の左手の地面が見えなくなり，狭く深い峡谷が姿を見せた。対岸では森にレンガ色の砂岩の壁がとって替わった。まだ見ることができない谷底から，水が流れ，今なお岩を削りつづけていることを知らせる，チョロチョロというかすかな音が聞こえてきた。小さな岩棚伝いに下っていくにつれ，ぎこちない沈黙がこの環境の中では自然なふるまいのように思えてきた。この沈黙はもはやゲームではなかった。それは，まわりに広がる世界に対するふさわしい反応だったのだ。

谷底に着くと，頭上はるかにそびえる木々をカサカサふるわせている風もここへは届かず，静まりかえっていた。目の前には苔におおわれた洞窟があった。その洞窟はまるでまだ見ぬ地球の入り口へ，おいでおいでと手招きしているようだった。この太古の土地に，人知れぬ世界が静かに存在していたのだった。子どもたちは狭くて騒々しい街から遠く離れ，静かに一人ひとり座っていた。ほかにすることは何もなかった。ただ休んでいるだけだった。

地球とともに休息をとる

目　的：地球の存在に包まれながら休息をとる。

参加者：この活動は一人で行なう方がいいのですが，もちろん家族・友人などといったグループで行なうこともできます。

場　所：どこでもできますが，静かな所というは必須条件です。

教　材：使いません。

進め方：エネルギッシュな活動と静かな休息を交互に取り入れます。もし，子どもたちと一緒に活動を行なうなら，まず，彼らのエネルギーが発散できるような，サイクリングやかけっこ，ハイキングといった活動的な野外でのプログラムを計画してみましょう。

子どもたちの元気がおさまってきたら，静かに何かを観察するような活動に移行します。静かにさせるために今までよく使われてきた方法は，高学年の子どもたちには無言のハイキングに挑戦させてみたり，低学年の子どもは森や川のそばの静かな世界へ誘ってみるなどです。

一列になって歩いたり，また，一人ひとりが離ればなれに座ってみましょう。

地球の魂に身を委ねてみるのです。

静寂の不安が心地良さに変わるまで，その場所に静かにしていましょう。
帰り道，できればメンバーの一人ひとりが何を見て，何を聞き，何を感じ，何を考えたのかを話しあってみましょう。
この章の「知っていましたか？」を参考に，生きものや生きものではないものが，自然界で休息をとっている時に起こることと，あなたが地球とともに休息することと，どのようなつながりがあるのか考えてみましょう。

地球とともに休息をとるその他の活動

1．あなたの好きな野外での活動をしてみましょう。ただ，その活動のやり方をいつもと変えてみるのです。ゴルフをするならゴルフクラブは持たず，釣りをするのでもけして釣り糸は投げ込まず，猟に行くなら猟銃を，野外で写真を撮るならカメラを家に置いて行きましょう。いつもと同じように同じことをしながらも，最後まではやらないでおくのです。活動そのものというよりは，その活動を行なうまわりの環境に身をおいてみてください。

2．地球とともに静かに過ごす時間を毎週とってみましょう。そのスケジュールをできるだけ守ってみてください。はじめは30分程度にしておき，徐々に時間を長くしていってもいいでしょう。何もせず，ただ自然の中に身を置くのです。

3．冬のあいだ，冬眠したり休眠したりしている動物の真似をしてみましょう。その動物が冬のあいだどのようにして休んでいるのかできるだけくわしく調べたら，自分も同じような生活パターンを送れないか想像し，試してみましょう。

4．植物好きなら，シャコバサボテンを手に入れてみましょう。１年を通じてサボテンがどのように休眠状態に入るのか観察してください。秋のあいだはあまり水をやらず，家の中の暗くてすずしい地下室や納屋に置きます。１ヶ月くらい，もしくはつぼみが葉先から現れるまでサボテンを休ませます。つぼみは新しい生命の息吹のしるしなのです。クリスマスの時期が近づいてきたら，休息と新たな生命という贈り物を祝いましょう。

5．川の瀬の近くに座り，さまざまな水の音に耳を澄まし，静かな気持ちにひたってみましょう。

6．夏になったら，水底がやわらかい水たまりや池，あるいは小川を探してみましょう。まず，水底はどのような手触りで，どのような感じになっているのか近づいて観察しましょう。水の透明度はどうですか？　それから，できれば素足で水の中に入ってみましょう。川の中を歩いたら，岸に上って腰を下ろし，砂が水底に沈んでにごりが消える様子を見てみましょう。水の底に沈んでいく砂もあれば，流れに乗って運ばれていく砂もあるでしょう。

7．晴れた日には，小さな子どもと外で昼寝をしてみましょう。昼食のあと，毛布を持ち出して日陰に広げます。静かにして，虫の音や風の音や葉がすれる音を聞いてみましょう。

8．木登りをしてみましょう。幹の近くの心地よい枝をみつけたら，静かに腰を下ろし，木の上から眺める世界を楽しんでみましょう。

9．休息と激しい運動を交互に取り入れたハイキングに出かけてみましょう。まずは休息から始めます。まわりを取りまく音や，心臓や呼吸といった自分自身の中に響く音に意識を向けるようにします。５分間の休息が終わったら，15分間早足で歩いてみましょう。また，５分休憩してさっきと同じように耳を傾ける練習を繰り返します。また，15分歩きます。今度は歩きながら耳を傾けます。最後は休息時間にして，ハイキングを終わりにします。休んでいる時と運動している時の違いを比べてみましょう。完全に休息状態に入っている時は，外界の音がよりよく聞こえませんでしたか？　あなたが疲れてくると，休憩時間に感じる自然の様子は変わりましたか？　休んでいる時と歩いている時とでは，何か違うものが見えたり聞こえたりはしませんでしたか？　休息はいつも同じものではなく，あなたの求めるものや意識によって変わるのです。

知っていましたか？

地球も休息をとっていることを知っていましたか？　ベッキーや友だちが地球と一体となって休憩していたとき，休息をとっていたのは彼女たちだけではありませんでした。たくさんの生きものに，休眠や休息の期間があるのです。

湖でさえ，冬眠に入ります。気温が下がると，池や湖の水も徐々に冷やされていきます。水は冷たく重くなると，水の分子の運動がゆっくりになり，水はより冷たく，密度も高くなっていきます。水の分子はますます離れがたくなります。重くなった水は，下にある温かい水を水面まで押し上げながら，底の方へ沈み始めます。湖は上下が逆転してしまうのです。新しく出来た表面の層は０℃まで冷えると氷となり，休息のあいだ，毛布のように湖を守ってくれるのです。

冬は多くの植物や動物にとって休息の時です。氷が張った池の中では，多くの水棲生物が泥のたまった水底にもぐっています。マツモムシ，ミズムシ，ミズスマシなどの甲虫，カメなどのハ虫類や両生類も，体の機能を鈍らせて休眠状態に入るのです。

動植物の休眠は，日照時間の変化に呼応して始まります。この変化によって，動植物は本能的な反応を起こします。日が短くなると，動物たちは食料を脂肪に変えて貯めこみ，その脂肪を使って冬を乗り切るのです。

長い冬の休息といえば，私たちは冬眠を思い浮かべます。冬眠は休眠を延長した状態です。完全な冬眠状態に入った動物は，体温，心拍数，呼吸数が大幅に変化します。ウッドチャックは，まさにその典型です。通常38℃ある体温が，冬眠時には３℃まで下がり，心拍数も毎分80回から４～６回へ，呼吸も毎分235回から４～５回に減ります。ほかにも，森に住むネズミや何種類かのコウモリが冬眠します。

冬ごもりする動物たちは，体機能の変化はそれほどありませんが，ほとんど活動することなく過ごします。お天気のよい暖かい日に穴や巣から姿を現す程度です。クマ，アライグマ，スカンク，シマリスなどがその仲間です。
昆虫にも休眠期があります。昆虫たちは成虫，卵，幼虫とさまざまな状態で冬を越すことができます。蚊などは丸太やがらくた，板の下に潜って冬眠をします。カゲロウはさなぎの段階で，トンボはヤゴになって冬を越します。夏から冬にかけて休眠してしまう虫もいます。カブトムシは霜をさけて地面のすぐ下へ移動して休みますし，ミミズは２メートルもの地下深くにもぐることができます。
植物もまた，休息を必要とします。草木は生き残るためにその種子を広くばらまき，種はそのままの状態で冬のあいだ休息を取り，春になると新たな生命を世に送り出します。タンポポのような多年草は根に養分を送りながら枯れ，土に帰ります。雪はダウンコートのように空気を植物のまわりに包み込んで，風から守ります。
冬は地球の休息を意味します。地球上の生命を維持している自然のリズムの一部なのです。古代中東のカナン人は毎週１日を休息にあてました。安息日は心を安らかにする日で，仕事を制限したり，控えたりしました。
ヘブライ人は万物の営みにおいても，人間の活動の休止が必要なことを知っていました。彼らは安息の年をもうけ，その年には人間だけでなく，陸や海に存在するものたちも休息をとり，力を蓄え，大地が元気を取り戻すのを待ちました。ヨベルの年と呼ばれる50年ごとの安息年には，１年間大地を休ませるために農作業は行われず，大地は公平に地域の人全員に分け与えられました。その土地は中東で暮らす人々にとって再生，新たな出発の時を意味し，そのお返しとして土地には１年の休息が与えられたのです。

資　料

『ウォーキング・メディテーション――歩く瞑想の本』ティク・ナット・ハン著　仙田典子訳　渓声社　1995
『ふゆめがっしょうだん』冨成忠夫・茂木透写真　長新太文　福音館書店　1990

成　長 Growth

成長。それはあらかじめ決められたものです。生きているものは，その命ある限り成長し続けるのです。この驚くべき力は命を授かってから，その終わりまで絶え間なく作用し続けます。

成長は，自然のなせる技なのですが，必ずしも単純なものではありません。美しく，喜んでその成長を受け入れることもあれば，ときに苦痛を伴い，受け入れがたい変化をつきつけることもあります。成長とはけしてとどまることはありません。私たちはたくましく育ち，年を重ね，そしてついには終わりを迎えるのです。死とは自然な成長の結果なのです。

地球は成長し続けている生命体であり，常に変化しています。この章で紹介されている活動では，みなさんに地球の成長力を調べてもらいます。地球と一体になって成長しましょう。

Growth

地球と
ともに
成長する

生　命

地球は生きています。その内に秘めている力はかたときも休むことなく，働き続けています。この力は地球上でも，また地球の内部でも成長と変化を起こしながら胎動しているのです。それは，生命力そのものなのです。

この力強い地球の生命は地震を起こして大地をゆらし，火山を噴火させては山々を一変させてしまいます。そうかと思えば，松林を育て，その森に川のせせらぎをつくりだすのです。生命ははかりしれない変化や形状を呈するのです。

次のおはなしでは，アラスカの潮だまりの多様な生命の営みに，マーラは惹きつけられていきます。マーラとともに，この大いなる力—生命—に気づいてください。

潮だまり

マーラが車をとめた途端，雨がやんだ。ここ２週間というもの，ずっと厚い雲がたれ込めていた。彼女が教師としてアラスカ南東部にやって来てからのこの１ヶ月，太陽が顔をのぞかせたのはたったの２日だけ。それでも，山々や深い緑をした多雨林に覆われ，いたるところに川や湖があり，とてもきれいなところだった。

「一面水ばかり。」マーラは考えごとをしながら海岸に向かって歩いた。「海はうす黒くて，生きものなんてどこにもいなさそう。潮の匂いが好きだなんて話している人たちをときどき見かけるけど，私は好きじゃないみたい。なんだか海草が腐ったような匂い。この島で暮らしていると，閉じ込められているような気がしてくるわ。」ゴツゴツした岩の海岸にたどり着くと，潮が引いているのに気がついた。「どおりで今日は匂いがきついはずだわ。」

水が引き，今まで見たことがなかった岩棚が水面に顔を出していた。岩のくぼみには海水が残り，潮だまりが出来上がっていた。マーラはレインジャケットを岩の上に敷いて座り，景色を眺めた。「絵はがきの絵みたい。」ケチカンに向かう漁船を見ながらそう思った。その光景は彼女の両親が住む故郷のミネソタ州の湖を思い出させた。海ほど広大ではないけれど，湖の素朴な美しさがなぜだかマーラには素敵に思えた。

干潮時の腐った海藻や潮だまりの匂いに彼女は圧倒されてしまった。「ここは，魚の解体小屋みたい。」この島に一本しかない道路を運転して帰るため，彼女は車に戻ろうと立ち上がった。「この匂いは今の気分と一緒だわ。」彼女は一瞬立ち止まり，足もとの潮だまりに目をやった。「塩を含んだ水。塩分がこの海を動きのないものにしているんだわ。」

そのとき，なにか動くものが目に入った。オレンジ色のクモのような生きものが水たまりを横切った。目で追ってみると，こげ茶色をした同じような生きものが，こんどは潮だまりの反対側を泳いでいるのに気がついた。

「こんな狭い水の中でどうやって生きているのかしら？」彼女は一瞬，ここが日に2回は海水で覆われてしまうことを忘れて不思議に思った。ウミグモを見ていると，黒くてカタツムリのような生きものが岩を這い上がろうとしているのに気づいた。それがいったい何なのか不思議に思うより先に，小さな縞模様の虫が潮だまりを泳いでいるのが目にとまった。彼女はひざまずき，この匂いや暗い気持ちのことも忘れて，ほかに生きものがいないか探し始めた。

潮だまりの中に，小さな魚が一匹さまよっていた。「潮が満ちるのを待っているのね。この小さな潮だまりはまるで水族館だわ。12時間ごとに満ちてくる潮によって，そこで暮らす生きものが代わってゆくのね。」そのとき，彼女はヒトデを見つけた。そのヒトデは潮だまりのすみっこの浅瀬にいた。「信じられないわ。この小さな潮だまりにこんなにも生きものがいるというのに，今までどれも見たことがなかったわ。」

この発見に心が満たされ，マーラは立ち上がると車へと歩いていった。町へ戻る車の中で，あることに気づいた。奇妙な生きものたちが，彼女の心の中に生命を宿してくれたことを。

地球の生命を発見する

目　的：地球上の生命の地層を調べる。

参加者：年齢には関係なく，個人でもグループでも大丈夫です。

場　所：生命の息吹が感じられるところならどこでもかまいません。沼，湿地，潮だまり，鳥の渡りの経路，多雨林など。

教　材：みなさんの五感と，場所によっては双眼鏡や偏光サングラス，ハイキングブーツか長靴，それにフィールドガイド。

進め方：立ち止まり，少し遠くからある場所を観察してみましょう。数分のあいだ静かにして，五感を敏感にし「動くもの」「足跡」「音」といった生命のきざしを見つけましょう。

ゆっくりと，かつ静かに，沼，川，森，潮だまりに近づいてみましょう。感覚を研ぎ澄まし，森や川のほとりにたどり着いたら，水面に影が映らないようにしながら，動作はゆっくり，音を立てないように気をつけ，目立たないようにしましょう。動きを止めたら，目だけで生きものを探してみるのです。

しばらく静かに観察したら，グループの中の一人に立ち上がって腕を振ってもらい，残りのメンバーは魚やその他の生きものが驚いて姿を現さないか観察します。

川や湿地を探検するときは，水かさの少ないところに足を入れ，姿勢を低くしたまま，今までに見たことのない生きものがいないかどうか探してみましょう。岩を持ち上げ，その下に何かいないか見たりしながら，海岸線や植生を調査してみましょう。水の流れ方や渦ができている場所に注目しましょう。

森を探検するときも，同じようなやり方で近づき，静かにしながら草木，低木，高木のてっぺんといった森の様子を観察してみましょう。葉，岩，丸太を裏返して生きものがいないかどうか探してみましょう。観察が終わったら，元通りにすることを忘れないように。

観察をしていて，知らないことや分からないことが出てきたら，どんなことでも質問しましょう。フィールドガイドで名前や特徴を調べてみてもいいでしょう。剝ぎとられた芝，引き裂いた跡，おがくずの山，足跡，地面や木につけられたいつもとはちがうサインにはどのような意味があるのでしょう？　こういうものは，生きものと何らかの関係があることが多いのですよ。

ただ単に観察するだけではなく，身体全体を使ってその場所を感じるようにしてみましょう。

地球の生命を発見するその他のアイディア

1．さまざまな種類の水（水道水，河川水，沼の水）を採取し，顕微鏡を使って生きものがいないか調べてみましょう。

2．あなたの住む地域に春の到来を告げる出来事を書き込んだカレンダーを作り，季節の移ろいの不思議に身体をひたしてみましょう。春は地球にとって再生の時です。鳥の渡り，野の花，青草，気温の上昇，春雨といったものに目を向けてみましょう。

3．ガーデニングのときにも，生命の成長を観察してみましょう。植えつけの４～８週間ほど前から，室内で種をまき始めます。子どもたち１人ひとりに，自分用の庭を分けてやり，計画から植えつけ，草刈，収穫までを任せてみましょう。

4．魚を追跡してみましょう。春と秋に魚が産卵する川や湿地がたくさんあります。そういった所を訪ね，魚の生殖本能の力を目のあたりにしてみましょう。マスやサケが瀬や滝を飛び越えていくのを見てみましょう。バスのような淡水魚は，湖に近いゆるやかな流れの川で見られます。夕暮れから夜明けまで，魚の産卵を観察してみましょう。

5．夕暮れ前の30分ほど屋外に座って夜空を眺めながら，虫たちやそれを捕食するコウモリを観察しましょう。

6．「生命のつながりモデル」を作ってみましょう。グループの誰かに糸玉を一つわたします。まずはじめに，その人に何か生きものの名前を言ってもらい，糸玉を次の誰かに投げます。このとき，糸のはじまりをはなしてはいけません。糸玉を受け取った人は，その生きものに関係のある生きものの名前を答えなければなりません。捕食したり，捕食される生きもの，もしくは同じところで暮らしたりと，何らかの関係にある生きものです。このようにして，糸玉は発言した人から次の人へとわたされていき，生命のつながりを象徴する網の目が作られていくのです。

7．屋外に出かけて腰をかけ，目を閉じ，みなさんが聞いたり，匂ったり，ふれることのできる生きものを思い浮かべてリストアップしてみてください。そして，目を開け，あなたのまわりにいる生きものをリストに書き加えていきましょう。

8．ネブラスカ州のプラット川へ，カナダヅルの渡りを見に行きましょう。そのほかにも，フロリダ州のオーキフェノーニ湿原，ミシシッピー川沿いの渡りのルートなど，世界中に野生保護地区があります。

9．就学前の子どもたちを草原へ虫捕りに連れて行きましょう。チョウチョウ，クモ，毛虫，てんとう虫，それにいろいろな甲虫を探してみましょう。

10．もし，マスが獲れる川の近くに住んでいたら，カゲロウの孵化時期に川に出かけてみましょう。初夏の夕方頃がいいですよ。

知っていましたか？

ナチュラリストとして有名なレイチェル・カーソンが，潮だまりは美と神秘をあわせ持つ，海のミニチュアだと考えていたことを，知っていましたか？

しかし，潮の満ち引きは，ミニチュアの海をつくり出しているだけではありません。潮の満ち引きは大陸の海岸線へ生命を運び込んでいるのです。1日に2回潮が満ちるとき，海辺には新たな栄養が供給され，世界中でもっとも生産力の高い生息地となっているのです。川が海にそそぐ浅瀬や干潟となっている河口は，内陸部から水の流れによって運ばれた肥沃な土や栄養分でおおわれています。このような水辺はエビや魚の養殖場であると同様に，渡り鳥がエサを得たり，水鳥たちが冬を越したり，魚や甲殻類，カニ，カキ，水鳥たちが繁殖する場所となっているのです。豊富な資源のおかげで，海辺はこんなにも多くの生命に満ちあふれているのです。潮が引くと海岸線には，とり残された食料を求めるカニや小さなエビや貝の生命がわき出してきます。それらを食べるサギ，アライグマ，ニオイネズミ，そして人間たちもまた，食料を求め海岸に出かけるのです。

このように，生命を生み出す場所はどこで見つけることができるでしょうか？　草地に入りくんだ水路がめぐる沿岸湿地は，海辺沿いや河口付近，砂州や防波堤の裏などで見つかります。合衆国でもっとも有名な湿地はエヴァグレーズです。エヴァグレーズ国立公園は，フロリダ州の湿地全体のわずか五分の一に過ぎませんが，5200平方キロメートルものマングローブ林を含み，合衆国最南端を横切る草原湿地帯（湿性草原）も見ることができます。

沿岸湿地と同じように，内陸の沼地もまた生命の宝庫です。ゆっくりと流れる水は，イグサ，スゲ，ガマに栄養分を運び，水生生物のための空気を取り込んでいます。酸素をたっぷり含んだ水は植物をすばやく分解し，植物の活発な生長のための養分となるとともに，ニオイネズミやビーバー，爬虫類，鹿やムースなどの食料となっているのです。淡水の沼地の豊富な食料のおかげで，湿地帯は2500種もの蚊を含むたくさんの生きものに，休息や繁殖，越冬の場を提供することができるのです。蚊，この厄介な虫も幼虫のときには，この沼地に生息する魚や他の虫たち，鳥などのエサとなっています。バス，スズキ，カワマスといった多くの魚たちも，その一生の一時期を湿地で暮らしています。

湿地ほど生命の豊かな場所はありません。アメリカ合衆国にはじめてヨーロッパ人が定住したとき，北部の森の中には，数千平方キロメートルもの沼や，ハンノキの茂み，大きな池や沢の周辺部を含め，実に87万平方キロメートルもの湿地がありました。今日では，それら湿地のうちの半分がその姿を残しているに過ぎませんが，アメリカヅルやアメリカワニを含む絶滅の危機にある生物の35％を支える最後の砦となっているのです。

資 料

『自然おもしろ大事典』原書監修ダーワド・L.アレンほか　日本語版監修小原巌ほか　日本リーダーズダイジェスト社　1984
『湖国の下で』レイチェル・カーソン著　上遠恵子訳　宝島社　1993
『うみ』谷川俊太郎詩　竹内敏信写真　誠文堂新光社　1984

Growth

地球と
ともに
成長する

変　化

自然は変化していないように見えることもありますが，そんなことはありません。地球は常に変化し，新しくなっているのです。川，湖，山，氷河も現れては消えてしまいます。緑豊かな草原もいずれは年月を経た古い森となるのです。

この章の「レッドバッファロー」を読んでください。おはなしに登場するアニーは，地球の変化を目のあたりにしました。変化と成長に満ちた日々を過ごしてみましょう。

レッドバッファロー

カールはミネソタ州とサウスダコタ州を旅し，丸一日かけてやっと故郷へ戻ってきた。娘のアニーとサウスダコタ州西部にある実家を最後に訪れてから，11年の歳月がたっていた。当時，アニーはまだ赤ん坊だった。カールはこの土地で，両親と祖父母に育てられ大きくなった。彼らは，プレーリー（大草原）を耕し，家族農場へと変えていった開拓者だった。

カールは娘が農場を走って横切る姿を見つめていた。農場の端にたどり着くと，アニーは腰の高さほどのキビの草原にしゃがみ込んでしまった。そのあたりからキビは刈りとられないままになっていた。

「アニー，どうしたんだい？」父はアニーが身を潜めた場所へ走り寄りながら声をかけた。

「わからない。」アニーは小さな声で答えた。「なんだか隠れなきゃいけないような気がしたの，一面広々として見通しがいいから。ここはいつもこんなに風が強いの？」

カールは微笑んだ。「ここはいつも風が吹いているんだ。」カールは額に手をやり，薄くなりかけた長い髪をなでた。「父さんは，ミネソタ州の北の森にある我が家が気に入っているけど，それでも大草原に里帰りするのは気持ちのいいものなんだよ。おいで，このあたりを案内しよう。」

カールは娘の肩に腕をまわすと，西の方を指さした。「この景色はね，父さんのおじいちゃんとおばあちゃんが，サウスダコタ州のこの土地にやって来たときに目にした景色そのままなんだよ。草原がどこまでも，どこまでも続いているんだ。」そう言いながらカールは草原の中に入っていき，すらっと細く伸びた茎を摘んだ。

「それ，何？」アニーは聞いてみた。「毛虫みたいに見えるけど。」

「これはエノコログサだよ。そうだね，少し穂先が毛虫のように見えるけどね。この草は人が暮らすところに生えるんだよ。」二人は立ちどまってあたりを見わたした。「谷の底を見てごらん。茶色から赤へ変わっているところがわかるかな？　あれがフォックステイル〔エノコログサ大麦〕だよ。てっぺんが赤くてしっぽのような形だからフォックステイル，キツネのしっぽという名前がついたんだ。」
「見て，父さん。」アニーは叫んだ。「草が風にゆれて，水のように波打ってる。フォックステイルのところはまるで赤い湖みたい。」
カールは草むらの奥へどんどんアニーを連れて行った。「こんなにいろんな種類の草が混ざって生えているから，混合大草原って呼ばれているんだよ。」
「草以外に何か生えていないの？」アニーは疑問に思った。「鳥や動物を見かけないけど。」
「父さんが子どもの頃には，何千頭ものバッファローの大群がこの大草原を自由に歩き回ってたって聞いたもんだ。コヨーテやプレーリードッグ，そのほかにもここを住みかとする動物たちがいたんだよ。」
「今もここにいるの？」アニーはさらに質問を続けた。
「鉄道がこの土地を通るようになり，農場や牧場，そして，街へと開けていくたびにたくさんのバッファローが殺され，コヨーテには賞金まで懸けられてたくさん狩られてしまったんだ。コヨーテは農場や牧場の生きものにとっては厄介者だからね。」
二人は今度は丘を下り，草の丈が低くなったところで立ち止まった。カールは少年のようなまなざしでこの丘を見つめていた。「このあたりにはプレーリードッグがたくさんいて，プレーリードッグタウンって呼ばれていたんだ。今でもプレーリードッグはいるのかな？」
丘を下っていくと，右側におびただしい数の穴とけもの道がはりめぐらされた斜面が開けた。カールは身を低くかがめ，小声で言った。「ここだよ，アニー。今も変わってないな。」
カールとアニーは一番近くの穴から15メートルほど離れたところに座った。どの穴も，盛り上がった土の輪に囲まれていた。少なくとも2ダース分ほどの穴がこの荒涼とした草原で見つかった。
「プレーリードックはどこなの，父さん？」アニーはたずねた。
カールは太陽の日差しに目を細めた。「プレーリードッグはこの巣穴を捨ててしまったか，それともこの近くに彼らを狙う天敵がいるのかもしれないな。」

「きっと私たちに捕まらないように隠れているのよ。」アニーは自分の考えを言ってみた。

「これだけ離れていれば，人間なんて気にしたりはしないよ。」カールは答えた。

ちょうどそのとき，二人はコヨーテを見つけた。コヨーテはすぐ二人に気づき，背丈ほどある草むらの手前で立ちどまると，二人に目をやった。

「私たちのあとを追ってこない？　父さん。」アニーは聞いてみた。

「大丈夫。たぶん，あのコヨーテは私たちに，自分が気づいてるってことを，知らせたかっただけだろう。さあ，もう少し歩こう。帰りにでもまたプレーリードッグが顔を出していないか見てみよう。」

「あの鳥は何？」アニーは上空を飛ぶ金色の鳥を指差しながら聞いた。鳥は急降下すると，地上2メートルぐらいのところでゆっくりと旋回した。

「あれはチョウゲンボウ，ハヤブサの仲間だ。ミネソタ州の家の近くにもいる鳥だよ。獲物の野ネズミかバッタを獲ろうとしているんだね。この聞こえてくる音からすると，バッタを狙っているようだな。」カールは少しのあいだ，身動きせずに立っていた。「耳をすまして，あの口笛を吹いているような音を聞いてごらん。僕らが，ここへ出てからずっと，ＢＧＭのように聞こえていたはずなんだ。これは何千匹ものバッタがうごめいている音さ。」

アニーは少し驚いた様子だった。「今の今まで，そんな音にはまったく気づかなかった。聞こえていたのかもしれないけれど，気にもしなかった。でも，今ははっきり聞こえてくる。」

谷底に向かって丘を下り続けた。「父さん，ほかの動物はいないの？」アニーはたずねた。

「この丘の斜面には昔ジャックラビットがいっぱいいたんだ。父さんはジャックラビットが大好きでね。じきに私たちの存在に驚いて出てくると思うよ。ところで，アニー。どうしてジャックラビットはあんなに大きな耳をしているのか知っているかい？」

「ウサギだからでしょ？」アニーは今さら何をとでも言いたげな笑いを浮かべながら返事をした。

「それは面白い答えだ。」カールは顔をほころばせた。「もっと考えてごらん。」
「当たり前のことじゃない。」アニーは少しいらいらしたようすで話し始めた。「ウサギはどんな物音も聞き逃さないために大きな耳をしているの。そうすればほかの動物たちは忍び寄ることはできないわ。」
「それも正しい答えなんだけど，あくまでも理由の一つでしかないんだよ，アニー。ほかにもまだ意味が隠されているんだ。」カールは手を伸ばして，オオアワガエリの草を１本引き抜くと歯の間にはさんでみた。
「ジャックラビットが草原や砂漠を住みかとしているからだよ。特に長い耳を持っているのは，隠れるところもない灼熱の太陽の下で，何ヵ月ものあいだ過ごすからなんだ。彼らの耳は車でいえばラジエーター〔放熱器〕のような役割をしていて，体の熱を発散し，体温を低く保つのに役立っているのさ。」
二人は向きなおって家路に着いた。「ここには花は咲かないの？」アニーは不思議に思った。
「季節のはじめ頃に少しだけ咲くけど，それほど多くないんだ。」カールは続けた。「このあたりの草は強力な根っこを持っているから，新参者が入ってきて芽を出すのは難しいんだ。ここでよく目にする花は紫クローバーだね。こいつの根は草の根にも負けないくらい深くまで伸ばすから，草と競い合うことはないんだ。」
「プレーリードッグタウンまで競争よ。」アニーは叫びながら走りだした。
「ゴールに着くまでには追いつくからな，アニー。」カールは後ろから叫んだ。
父さんの弟で，この農場に住んでいるテッドおじさんとの昼食がすむと，アニーは席を立った。「もう一度，プレーリードッグを見に行ってくる。今度はジャックラビットが見られるかもしれないから。」
カールはカーテンを開けて窓から身を乗り出すと，西の方角を見た。「お天気に気をつけるんだよ。嵐がやって来るかもしれないよ。」
アニーが丘に向かって走りだすと，背後でスクリーンドアがピシャと閉まる音が聞こえた。強烈な日差しは，湖のほとりにある我が家で過ごす暖かな一日のことを思い出させた。アニーは「風が強く吹いていてよかった。そうじゃなかったら，今日は暑くてたまらないわ。」とつぶやいた。

プレーリードッグタウンに着く頃には，風が冷たくなっていた。「父さんの言ったとおりだわ。ほんとうに嵐になりそう。」紫がかった黒い入道雲がふくれあがり，西の地平線いっぱいに広がって波打っているのをアニーは立ちどまって見た。家に引き返そうと彼女がふり向いたとき，傍らには父が立っていた。驚いたようすの娘に父は言った。「アニー，かなり荒れそうだ。父さんと一緒に戻ったほうがいい。」

二人そろって西の方角に目をやると，突然，閃光が空を切り裂いた。白緑がかった2本のまばゆい光の線が雲を切り裂き，谷を挟んだ大地に突き刺さるやいなや，轟音がとどろいた。

「走った方がいいわ。」言いながらアニーは走り始めた。

家に着くと，カールの弟のテッドが家のまわりの草を鋤（すき）で掘り返していた。「見てごらん，アニー。」テッドはふり返り，興奮したようすで地平線を指差しながら言った。「さっきの雷で草原に火が飛び移ったみたいなんだ。この強い風だとあっという間に燃え広がるだろうね。」

アニーはテッドおじさんを不思議に思った。「こんな嵐が来ている最中にどうして耕しているの？　意味がないんじゃないの？」

「テッドは防火帯をつくっているんだよ。」カールが説明した。「もし火がこっちに向かってきたら，この農場は全部燃えてしまうかもしれないんだ。テッドは農場のまわりの草をすいて，火が農場に飛び移るのを防ごうとしているんだ。そうすれば，火は私たちを避けて通り過ぎていくからね。」

アニーは谷のほうを指差しながら叫んだ。「見て，父さん。炎がまるで動く壁みたい。真っ赤な壁よ。」

「ラコタ族の人たちも同じように感じたんだよ。彼らはこの丘にバッファローの大群が移動するのをよく目にしていたんだ。彼らはこういう炎の壁を見て，バッファローの群れを思い浮かべたんだね。だから，彼らは大草原で起こる火事のことを“真っ赤なバッファローたち”と呼んだんだ。雷が落ちたときに私たちが見たのは，レッドバッファローたちが生まれた瞬間だったんだ。さあ，テッドが作った防火帯の中に入ってレッドバッファローたちが移動するのを見ることにしよう。」
アニーは父とおじさんの間に立って，火が広がっていくのを見ていた。まず，煙が風に乗って彼らのところにやってきて，匂いが鼻をついた。アニーの家でも樫や松，白樺を燃やすことがあったが，それとはずいぶん違う匂いがした。それからふと気づいて彼女は叫んだ。「動物たちはどうなるの？　この火事で動物たちはみんな死んじゃうの？」
「ほとんどの動物たちには影響ないんだよ。」父は彼女をなだめるように答えた。「でも，バッタやネズミたちには大きな被害が出るだろうね。バッタは自分たちの食料をほとんど失うし，ネズミたちはしばらくのあいだ隠れ家を失うからね。プレーリードッグは地下にもぐってしまうんだ。ジャックラビットやコヨーテは，炎の壁が薄くなるまで火が進むのと同じ方向に走り，火の壁が薄くなったらそれを飛び越えて反対側へ逃げ去ってしまうよ。」
炎はものすごい勢いで燃え広がり，30分もたたないうちに遠くへ通り過ぎていった。「ひどい。」アニーは真っ黒な煤（すす）でおおわれた地面の上を歩きながら言った。「これじゃあ，ここが草原だったなんて信じられない。」彼女は嘆いた。「草はまったくないし，動物もいなくなっちゃった。これじゃあ，死んだ草原だよ……。」
カールはやさしく微笑んだ。「確かに草原が死んでしまったように見えるね，アニー。でもね，本当はこの火事によって生き長らえることができたんだよ。火事や干ばつがないと大草原は姿を変え，林や森になってしまうんだ。」
アニーは父が言ったことを確かめようと，黒焦げになった地面を手で触ってみた。
「地下に張った草の根からは，じきに新しい草が再び芽を吹くんだ。」カールは言葉を続けた。
「だけど，樹木や大草原にもともと生育していない植物たちは，たとえ育ち始めたとしても火事でやられてしまう。今日，レッドバッファローの誕生によって新しい変化が起こったんだ。それは新たな命が再び大草原に吹き込まれたってことでもあるんだ。」

変化を見つける

目　的：自然の変化や移り変わりのある場所を探検する。

参加者：この活動は，植物界のわずかな違いや変化に気づくようになる小学校高学年に向いています。マンツーマンで行なうのが効果的ですが，ナチュラリストが学校の子どもたちをガイドする時にも使えます。

場　所：野原，森，沼，空き地，海岸，もしくは道路と森，道路と野原の境界あたり。環境学習センターは，来訪者の目的にふさわしい探索ができるような生息地を３～４ヵ所は持っていて，散策しながら探検することができるでしょう。

教　材：カメラ，双眼鏡，スケッチブック，鉛筆，フィールドガイド。

進め方：まずは「レッドバッファロー」のおはなしを読んでください。そして，アニーがさまざまな発見をした場所の自然を詳細に描写している部分を取りあげ，どうして火事がそこの自然環境を変えたのか話し合ってみましょう。

そのほかにも，自然環境を変えてしまうような出来事を考えてみましょう。火山の噴火，洪水，伐採，都市の拡大，農業といったことなど。そして，変化が起きる前，そこにはどのような生態系が広がっていたのか話し合ってみましょう。また，今ではどのような生態系になっているのか話し合ってみましょう。

変化を観察してみようと思っている地域を１ヵ所決めます。そこがみなさんが調査するフィールドとなります。カメラやスケッチブックを使って，そのフィールドの全体像がつかめるように景観を記録していきます。そして，ガイドブックを使って，一つひとつの植物の名前を調べましょう。

調査は全体的な景観を見据え，遷移が現れているところを確認することから始めます。その場所が湖畔だとしたら，砂地に多く生息するビーチグラス〔イネ科の雑草〕がどこに生えていて，どこから潅木や高木にとって替わられているかに注目します。道端なら，舗装された場所から森や草原へ向かって，植生が草，野花，潅木，高木へと変化していくことに注目しながら歩いてください。

フィールドガイドを使って，それぞれの場所で見つけた植物を調べましょう。

自宅か教室に戻ったら，調査の続きに取りかかりましょう。シエラクラブは，さまざまな動植物に関するフィールドガイドシリーズを出版しています。これらのガイドブックに書かれたことと，みなさんが調べたフィールドと比較してみましょう。みなさんが調べた植物が見られるようになる前，それにこれから先，どのような植物が見られるのでしょう？　できれば，50年前，100年前，その場所がどんな様子だったのかを調べてみましょう。郡の教育委員会と連絡をとり，その当時の植物データを見せてもらってください。

変化を見つけるためのその他の活動

1．老人ホームへ行って，地域のお年寄りにインタビューしたり，みなさんのおじいちゃんおばあちゃんと話をして，そのあたりの土地はどんな変遷を遂げてきたのか聞いてみましょう。また，人と自然との関係が，どのように変わったのかについても聞いてみましょう。

2．みなさんが暮らしている土地は，原始の海に陸地が誕生した頃から現在にかけて，どのような変化を遂げてきたのか調査しましょう。ジェームス・ミッチェナーの小説の第一章は，この活動を行なうにあたって参考になるでしょう。土地の大きな変化がわかるように，絵を使いながら土地変化年表を作ってみましょう。

3．子どもたちと秋の変化を体験してみましょう。公園や庭へ葉っぱ集めに出かけてみるのです。緑，黄，赤，だいだい色の葉っぱを拾ったら家に持ち帰り，新聞紙の間にはさんでおきましょう。

4．みなさんの家の近くで，人間のどのような土地利用が植生に変化を招いたのかを調査してみましょう。くわしくは「知っていましたか？」のところをお読みください。

5．森の外れに立ち，あなたのまわりの木や植物に目を向けてみましょう。2メートルほど森の中へ入ったら足を止め，何か違いがないか探してみます。これを，4回ほど繰り返します。さらに，森の奥へ進んだら，森の様子はどのように変わっていくでしょう？

6．大草原の自然を復元した場所を訪ね，そこがどのように維持管理されているのか調べてみましょう。

7．地域の歴史を研究しましょう。その地域社会はどのように形成されたのでしょうか？　当時の経済基盤は何だったでしょうか？　その経済基盤はどのように変化し，それにともなって人々の暮らしはどのように変わったでしょうか？

8．子どもが生まれた日に庭に木を植えましょう。毎年，お誕生日のお祝いの一貫として，その木のところへ行き，木の高さや幹のまわりの変化，成長を記録しましょう。毎年，木の写真を撮って，子どものアルバムに一緒にとじておきます。

9．植物遷移の4段階の例を探してみましょう。草花からなる裸地，潅木や稚樹からなる先駆林，そして遷移途上林と極相林。それぞれの段階における光，土壌温度，湿度，腐植層の違いに注目しましょう。

10．子どもの頃，お気に入りだった野外のある場所を思い出してください。そして，10代の頃，20代の頃，また家族や友人とともに過ごした場所も思い出しましょう。それらの場所は今もその当時のままですか？

知っていましたか？

火事は地球に変化をもたらすことはあっても，破壊してしまうことはないということを知っていましたか？　父親はアニーに，大草原を維持するには火事はなくてはならないということを伝えました。

何十億年もの昔，陸地が原始の海から姿を現して以来，自然は常に変化しています。植物や動物の進化は生きものの適応力の証なのです。

長い年月をかけて起きる変化もあれば，一瞬にして起きる変化もあります。森の中を歩き，古い切り株を探してください。ひざまずき，切株に手でふれ，新たな生命のきざしがないか調べてください。残った木から地衣類やキノコ，シダ，それに新たな樹木の芽が出ていないでしょうか。草原は森になり，湖は草地になってゆきます。松林はいずれはカンバやツガ林へと移行します。自然は常に変化しているのです。

自然の変化と適応力を示す，おそらくもっとも劇的な出来事がインドネシアで記録されています。1883年にクラカトア島で火山が噴火したときのことです。この大変化から１年，溶岩を突き破って草や幾種類かの植物が現れました。50年後，科学者は周囲の島に生息する植物と非常に似かよった植物が，この島をおおっているのを確認したのです。

遷移は自然変化のなかでも地味な出来事です。植物は成長するにつれ，日陰を作ったり，土に栄養分を供給したりしてその生息環境を変えてしまいます。松林の酸性土壌は，草や木々が死んで分解する過程で，アルカリ性に近い広葉樹林向きの土へと変わっていきます。それまで，森の中の乏しい光の中で，光を好む種によって占められていた区域も，陰性植物の進入を許すことになります。ラズベリーやブルーベリー，ブラックベリーが，夏のあいだに実をつけるためには太陽の光が不可欠ですから，暗く湿った極相林でこれらベリー類を見ることはほとんどありません。

太陽の光，水，養分をめぐるせめぎあいの結果，新たな植物が優勢になります。植生が変化すると，今までと違う食料や住みかが提供されるため，動物の生息数にも変化が見られるようになります。草地には，クサチヒメドリやオウゴンヒワが見られますが，潅木がこのような草地に生え始めると，ヒメスズメモドキやカオグロアメリカムシクイが優位となります。森林地帯ではツグミやアオカケスが見られるようになります。

自然における変化の多くは時間がかかるものです。火山の研究をする科学者たちは，何年もかかって噴火のあとに起こる植生の移り変わりを観察します。しかし，時間的経過ではなく空間的な移り変わりを見るのはそれほど難しくありません。湖岸から内陸に向かって水辺の植物，豆科の植物，潅木，松へと変わっていく様を見ることができます。また，湿地の植生でもはっきりと移り変わりの様子を見ることができます。湿地の中心にはたぶん水たまりがあり，それがミズゴケ，カラ松，トウヒに囲まれるようになっていきます。古い農場や空き地，道路わきは動・植物群落の変化を発見しやすい場所です。

天候，地質，標高，傾斜，過去の土地利用といったさまざまな要因によって，地域社会は発展を遂げてゆきます。人間は植物群落の変化に重大な役割を果たしてきました。北アメリカ大陸の原生林は，農場や都市をつくるために，のこぎりや斧で真っ裸にされてしまいました。植物と動物の個体数は，私たちが狩ったり採ったりすることによって左右されてきましたし，熱帯雨林の破壊も，人間の活動が自然の生態系に深刻な打撃を与えた一つの例です。幸運なことに，生物多様性が土地利用の新たな倫理となった現在，林業の方法も変わりつつあります。

資　料

『自然おもしろ大事典』原書監修ダーワド・L．アレンほか　日本語版監修小原巌ほか　日本リーダーズダイジェスト社　1984
『変貌する大地――インディアンと植民者の環境史』ウィリアム・クロノン著　佐野敏行，藤田真理子訳　勁草書房　1995
『森はだれがつくったのだろう？』ウィリアム・ジャスパソン文　チャック・エッカート絵　河合雅雄訳　童話屋　1992
『木の本』萩原信介文　高森登志夫絵　福音館書店

Growth

地球と
ともに
成長する

死

生と死は互いに切り離すことができないものです。生きものは皆，いつかは死を迎えますが，生命の力は続いていきます。命は生きものから生きものへ，生きものから地球へ，地球から生きものへと流れているのです。

「流れ星」のおはなしの中で，アダムとアニーは死に直面します。二人の母親が，どのようにして子どもたちを恐怖から理解へと導いたのか読みとりましょう。そして，生のもう一つの局面である死を受け入れるように努めてみてください。

流れ星

「母さん，こんなのを見つけたよ。見て！」6歳のアダムと双子の妹のアニーは母親のジーンに駆け寄りながら叫んだ。アニーは鮮やかなブルーの卵をそっと両手にのせていた。

「これブルーバードの卵？」走ってきたのでアニーは息をハアハア切らしていた。

「違うわ，アニー。」ジーンは答えた。「これはツグミの卵ね。どこで見つけたの？」

「道のすぐわきにあったんだよ。」アダムが答えた。「卵と一緒に枝もたくさん落ちてたよ。」

「きっと昨夜の嵐で吹き飛ばされたのね。」ジーンは答えた。「巣はなかった？」

子どもたちは声をそろえて答えた。「ううん，木の中にあったよ。」

「高くて，手が届かなかったんだ。」アダムは最後まで続けた。

「テントの中で，ヒナを孵（かえ）せるかな？　母さん。」アニーは聞いてみた。

「ばかなこと言うなよ。」アダムが言った。「僕たちは卵を巣に返す方法を見つけなきゃだめなんだよ。」

ジーンはその卵を手にとると，頬にあててみた。そして，ひざまずき，子どもたちの目をまっすぐに見た。「あなたたち，この卵はもう手遅れだわ。冷たくなっているもの。地面の上に一晩中あったようね。林の中に戻してあげましょう。アライグマかなにかの動物が，この卵を食べられるようにね。」

「もう一度温めたら？」アニーは訴えた。「もしかしたら，中の赤ちゃんは死んでないかもしれないよ。」

「アニー，どうしようもないこともあるのよ。」ジーンは子どもたちの肩に手をまわすと，林の中へと向かった。

昼食後，みんなはハイキングに出かけた。ウィスコンシン州北部の公園で三人がキャンプをするのは，今回で3回目だった。アニーとアダムには公園の中に自分たちのお気に入りの，滝のある場所があった。二人はジーンの前を歩いていたが，曲がり角一つ分よりは離れないように気をつけていた。ジーンがうす暗い谷へと足を踏み込むと，二人の子どもが立ちどまっていた。

「この実，食べられる，母さん？」アダムは手のひらいっぱいに真っ赤な木の実を持ってきた。「どこから採ってきたの？」ジーンはたずねてみた。

「すぐそこだよ，母さん。」アダムはハート型の葉がついた，濃い緑色をしたツタのところへジーンを連れて行った。

「この実は食べたらお腹をこわすわよ。ベラドンナっていうの。だけど，野生のラズベリーなら見つけられるかもしれないわ。」ジーンは返事をした。

「食べられないなら，この赤い実は何の役に立つの？」アダムはたずねた。

「アダム。私たちには食べられないけど，鳥たちは食べられるのよ。それが森のすばらしいところね。色々な生きもののためにさまざまな食料を貯えているの。どの生きものもそれぞれ自分に合った食べ物があるの。もし，みんなが同じものを食べたら，一番弱い生きものが飢え死にしてしまうでしょう。」

木の実は空に向かって投げられ，子どもたちも同じような早さで飛んでいってしまった。二人は滝を目指した。ジーンは二人を追いかけながら呼んだ。「私が着くまで滝の近くに行ってはだめよ。」彼女は急いで歩いたが，子どもたちはあっという間に見えなくなってしまった。遠くから滝の音が聞こえてきた。

ジーンが滝へ行く最後の角を曲がると，アニーが叫びながら彼女の方へ走ってきた。「母さん，急いで！　道に動物が倒れているの。血だらけ。」

アダムはすぐ後ろに続いていた。「私は鹿だと思うんだけど。来て見てよ。」

アダムとアニーはジーンの手をひっぱって行った。彼女は動物から20メートルほど離れたところで足を止めた。「子鹿だわ，アダム。」ジーンはやさしく言った。「一才ぐらいね。」死がいのまわりにはシカの毛が散乱していた。切り立った砂岩の峡谷では，追いつめられた動物たちはどこにも逃れようがなかった。ジーンは子どもたちの方をふり向いた。「ゆうべ，コヨーテにつかまったんだわ。鹿はここで逃げ場を失ったのね。」

「どうしてコヨーテはそんなに意地悪なの，母さん？」アニーはきいた。「この鹿はまだ赤ん坊なのに。」

「意地悪なわけではないのよ，アニー。コヨーテはただ食事をしただけなの。赤い実のことを覚えてる？　あれは鳥たちの食べ物だったでしょう？　鹿はコヨーテたちの食べ物なの。ある生きものが生きていくためには，ほかの生きものが死んでいかなければならないの。」

「そんなのいや。」アニーは言った。「どんなにひどいか見て。」

アダムはその鹿に向かって小道を下っていった。

「それ以上近くに寄ってはだめよ。」ジーンは叫んだ。「もし，コヨーテがこの獲物の近くの人間の匂いに気づいたら，それ以上は近寄らなくなって，この食べ物が無駄になってしまうわ。さあ，キャンプ場に戻ってなにか別のものを探しましょう。」

このあと，湖でずっと遊んで，この日はあっという間に時間が過ぎていった。夕方，双子の兄妹が小さな炎の中に小枝を投げ入れながらたき火にあたっているあいだに，ジーンはマカロニチーズを作った。三人は静かに座って，たき火がパチパチと音をたて，オーブンの中のビスケットがこんがりと焼ける音を聞いていた。食事をしていると，一日も終わりに近づいていた。

「さあ，二人ともテントに入りなさい。」ジーンは言った。「遅くなったわ。まだあと二日もあるんだから。」

「見て。」アダムが空を指さして叫んだ。

「私も見たわ。」母さんは静かに言った。「流れ星。アニーも見えた？」

アニーはうなずいた。「あれはたった今死んだ星なんでしょ，母さん。お友だちが，流れ星はお空から落ちてしまった，どこか別の宇宙の太陽の命なんだって言ってたわ。」

ジーンは微笑んだ。「そうじゃないわ，アニー。私たちが目にする流れ星の多くは隕石なの。私たちの太陽やその宇宙が創造されたときの残りものね。宇宙にぷかぷか浮かんでいて，地球に近づくと燃え上がるの。あれは生命の終わりではなく，始まりのしるしなのよ。」
「じゃあ，あれは死んだものではないのね。」アニーは言った。「よかった。もう死んだものはいや。」
ジーンは微笑むと，アニーを抱き寄せた。「そうね，今日はたくさんの死を目にしたものね。だけど，ちゃんと生命も見たわよ。森や湖に宿る生命。それに動物の生命の証（あかし）もね。命のあるところには必ず死があるの。どちらも一緒にあるものなのよ。」

生命の一部として死を調べてみる

目　的：自然界の死を調べましょう。

参加者：どの年齢でも大丈夫です。参加者の年齢や一人ひとりの感性に合わせて，活動プログラムを組んでください。

場　所：死に遭遇する可能性のあるところならどこでも。たとえば，森，都市公園，高速道路，湖，海など。

教　材：なし

進め方：自然界で死にゆくものに注意を向けたり調べたりしながら，広い意味でのエコロジーの概念と結びつけ，機会がめぐってきたら，すぐに実行できるように準備しておきましょう。
自然界ではいつも死と隣り合わせです。高速道路を走るときも，道路で死んでいる鳥やアライグマ，シカ，ヤマアラシ，リスなどに注意をはらってみましょう。森の中で腐ってゆく丸太は，観察や話し合いの出発点となることでしょう。
こわれた巣や骨，動物の骸骨もまた死を伝えてくれます。風にさらされた海岸では，死に出会う機会がたくさんあります。そこには，死んだ魚や鳥，昆虫や貝殻が打ち寄せられています。また，狩猟や漁業は，命のつながりにおける死の意味について考える機会を与えてくれるでしょう。

幼い子どもと一緒の場合は観察するだけで十分です。死について思いにふけるのではなく，ただ死を見つめ，生命の実例について話し合ってみましょう。低学年の子どもたちの場合は，観察するだけではなく，その場で起こった感情をも引き出しながら，生命のもう一つの側面について話し合ってみましょう。高学年の子どもや十代の若者，大人の場合には，次のことをつけ加えてもよいでしょう。

参加者には小さなグループごとに座ってもらい，それぞれの人生でふれた死の物語を話し合います。それは，人間の死であったり，野生動物の死であったり，ペットの死であるかもしれません。十分な時間をとって思い出してもらいましょう。全員の話が終わったら，みんなが抱いた感情について話し合い，それらの死の話をふりかえってみましょう。そこに悲しみを感じましたか？　痛みは？　悲痛な感情は？　その死の体験には恐怖心はありましたか？　喜びや愛情，尊敬といった感情はその話の中に出てきましたか？　この活動では死を，敵や何か恐ろしいもの，成長の行きつくところとして，生命の移り変わりとして話し合いましょう。

生命の一部である死を調べるその他の活動

1．買い物先で，食物連鎖について話しましょう。あなたの大好きな食べ物が生産されるのに，どのような植物や動物が命を落としたでしょう？　また，あなたの食料となるために命を落としたのはどういったものでしょう？

2．台所や庭から出る生ゴミを使って堆肥を作り，庭の土にすき込んでみましょう。芝生の刈り草や生ゴミ（肉類は抜きましょう），糞は，水や空気，それに時間の作用によって分解してゆきます。こうして作る堆肥は植物の成長を促進させるのです。あなたも生命の生まれ変わりに関わってみましょう。菜園や花壇があれば，そこに堆肥をやりましょう。もし，そのような場所がなければ，近所の人や公園の管理人にあげてください。

3．家の近くの道路で生きものの死骸を見つけたら，そこに群がる動物や鳥がいないか見張ってみましょう。ハゲタカも死んだ肉をあさって食べるのです。

4．絶滅のおそれのある野生生物の一覧表（レッドデータブック）を，ワシントンD.C. 20240にあるアメリカ合衆国内務省，魚類・野生生物局，絶滅危惧種を扱う事務所に送ってもらいましょう。日本では，環境省自然環境局野生生物課まで問い合わせてください。そして，あなたの家の近くに生息している絶滅危惧種について調べてみてください。その生きものが生息し続けるためにはどのような生息地が必要でしょう？　その生態系を回復させるために，どのようなことが試されているでしょう？　あなた自身はどんなことができますか？

5．松の植林地など，単一の植物が優勢種となっているような場所へ，ハイキングに行ってみましょう。どういった動物や鳥，植物がその場所に生息しているのか調べます。次に混合林か草原へ行き，もう一度どのような動物や鳥や植物がいるのか調べます。それぞれの場所の生物の多様性や個体数を比較してみましょう。多様な環境では見られるが，ある特定の種のためだけに管理されている土地では見られないのは，どのような種でしょう？

6．森の木陰で朽ちかけた倒木を見つけましょう。そして近寄ってよく見て，そこにいる生きものの数をかぞえてみましょう。緑色の植物はありますか？　ほかにはどんな生きものがいますか？　その倒木の下ものぞいてみましょう。その下で何かが育っていたり，暮らしてはいませんか？

7．好きな生きものを一つ選びます。その生きものは食物連鎖のどの位置にいるのか調べてみましょう。生き延びるためにどのようなものを食べているでしょう？　また，その生きものを捕食して生きているのはどんな動物ですか？

8．あなたの糧となった生きものに敬意を払いましょう。食卓では感謝の言葉を言ったり，静かに心の中で感謝したりするのです。

9．晴れた日には流れ星を数えてみましょう。

10. 魚釣りをするのなら，キャッチアンドリリース（釣った魚は逃がしてやること）という方法を検討してみてください。魚はたいていが口の中を引っかけられるだけですみますから，擬似餌を使うのがよいでしょう。魚は必ず濡れた手で扱い，泳ぎだすまで水の中で支えてやってください。２～３回分ほどの食糧として魚を獲るのはかまいませんが，このキャッチアンドリリースは将来の獲物を守るための方法なのです。

11. エリー湖に関する本を読んでみましょう。かつて，この湖は富栄養化と汚染によって死に瀕していましたが，現在は生命を取り戻しつつあります。みなさんが暮らす地域で，汚染（排水，酸性雨，農業排水，農薬など）のために死にかけている水路がないか探してみましょう。

12. 農場で繰り広げられる生と死の循環について，農家の人と一緒に話をしてみましょう。

知っていましたか？

死は必ずしも悪いものではないということを知っていましたか？　アダムとアニーが死んだ子鹿に出くわしたとき，二人は生命と死について学び始めました。

生命と死は互いに密接にからみあっているのです。腐りかけた倒木には命が満ちあふれていて，平均２万匹もの生きものがいると推定されています。シマリス，サンショウウオ，オオアリなど森の生きものの３分の１は倒木に暮らしているのです。

倒れた木がその水分のため腐り始めると，先駆植物が養分をたっぷり含んだ繊維質の中へと侵入し始めます。樹皮の下にはカビの微細な小根がクモの巣のように広がって，さまざまなキノコが出てきたり，青々としたコケがじゅうたんのように丸太をおおいます。互いを支えあう共生関係にある藻類と菌類から成る地衣類も，欠かせない植物群の一員です。倒木が朽ちて出来た土は，すぐそばのかわいらしい実生苗に豊かな環境を与え，樹冠のすき間から差し込む太陽の光を受けた花々と並んで，根を伸ばしていくのです。

太平洋沿岸の北西部では，ベイ松とアメリカトウヒの原生林と朽ちかけた木がフクロウの住みかとなっています。過去10年にわたり，この絶滅に瀕した鳥は，種の保存と生息地保護のための運動の象徴となってきました。ここで浮び上がってきた問題は，どのようにして人間は同じ資源，この場合には木を必要としている他の種とともに，この地球上で生き続けることができるのかということです。農業開発，伐採，家畜の放牧，大気汚染，水資源，入植による生息地の喪失は，種の存続を脅かす，どこにでもある出来事なのです。

1600年から現在までに，200種を超える哺乳類や鳥類が絶滅してしまいました。絶滅というのは，ある種のすべての個体がもはや存在しないということを意味しています。絶滅するということも地球における自然な生命循環の一部なのですが，この絶滅が起きる速度を科学者たちは懸念しているのです。生物学者の研究によると，この地球上に存在したすべての種の90％はすでに絶滅したと推測されています。最近では，一日に５～10の種が絶滅していると推測され，この絶滅の速度は毎時１種のペースにまで増すのではないかと懸念されているのです。

オオウミガラス，大西洋コククジラ，リョコウバト，ステラー海牛，ジャイアントシーミンクは絶滅してしまいました。グリズリー，オオカミ，ハゲワシは絶滅の危機に瀕しています。カリフォルニアコンドルのような種は，動物園や保護センターに保護されていますが，もはや野生の状態では見ることができません。1992年の時点で，1140種が地球上の絶滅危惧種リストに記載されていました。アメリカ合衆国内で記載されていた618種のうち，38％は個体数が減り続け，おそらく２％は絶滅してしまったでしょう。カナダでは44種が絶滅危惧種として指定されています。

1973年にアメリカ合衆国では絶滅危惧種法が成立しました。この法令により，絶滅に瀕している種の指定と保護に向けた計画作りのシステムが確立しました。この法令のもう一つの目的は，「絶滅の恐れのある種や絶滅寸前の種が生息する生態系を保護する対策」を打ち出すことにありました。法令が絶滅に瀕した動植物の保護に対し何らかの手立てを施す一方で，4000近い動植物が危惧種指定のリスト待ちの状態であり，これらに対しては，現状では何の保護計画もなされていないのです。

どのケースにおいても，この地球上に存在する動植物の多様性の維持が脅かされています。種は孤立しては生きていけません。ある種が生き残れるかどうかは，他の植物や動物の多様性に依存しているのです。すべてのものが互いにつながりあっているのです。多様性とは生き残るために変化する生態系の力の一つのものさしです。地球の未来はその力にかかっているのです。

一つひとつの植物や動物の死は成長の自然な成り行きです。しかし，ある種や生息地の急速な消滅は自然な現象ではありません。世界でもっとも多様な生態系である熱帯雨林の破壊によって，おそらく地球上の生物相の25%が，今後20年から30年のあいだに絶滅の危機に瀕すると言われています。多様な生息環境を保全することは，国連環境計画の優先事項となっています。みなさんにとっても優先事項としてください。

資　料

『死にゆく海の生物たち』(シリーズ世界はいま…　自然環境編)マイケル・ブライト著　小原秀雄監訳　佑学社　1989

『動物たちがいなくなる』(みんなで考える地球環境) 中川志郎著　小松修絵　金の星社　1994

『森の動物と生きる50の方法』溝口雅仁著　藤岡奈保子絵　ブロンズ新社　1992

『地球の海を救おう』(わたしたちの地球を守ろう 4) ジョーン・ペインズ著　小田英智訳・解説　偕成社　1991

和　解 Reconciliation

2つの生きもののあいだには，どこかに違いがあるでしょう。違いがあるところには，たびたび対立が生じ，対立が起きれば破綻が生じることもあります。

破綻とはある関係の終わりであると同時に，なにか新たなことの始まりをも示唆しています。和解と再生とは，破錠が修復された結果なのです。

多くの人たちは地球と調和して暮らしてはいません。私たちは地球を傷つけ，地球との関係をついつい壊してしまいます。

この章のおはなしや「活動」は，破綻してしまった地球との関係を認識し，和解の態度や行動へと駆り立てられるようデザインされています。

Reconciliation

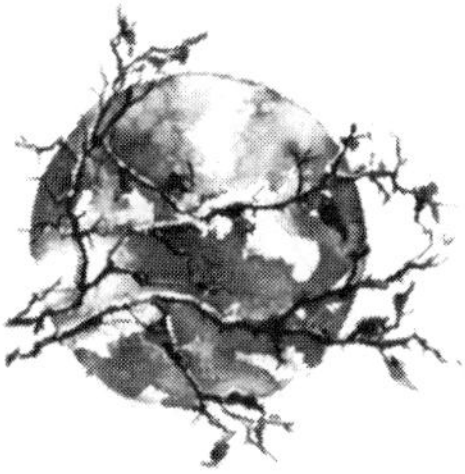

地球の
癒し手になる

破　綻

傷跡は，そのときの痛みやけがの程度をあらわしています。子どもの頃，自転車で転んだことを思い出させるような傷跡は残っていませんか？

地球にも傷跡があります。傷跡のなかには，私たちが見慣れてしまって，それが傷であることにさえ気づいていないものもあります。

自分たちの土地の傷跡を見つけたカレン一家のお話を読み，みなさんの家族が地球につけてしまった傷跡を探してみてください。認めることこそが和解への第一歩なのです。

傷跡

カレンは目を覚ました。家の中はまだ暗かった。彼女はベットから手を伸ばしてライトをつけた。午前3時。二人の子ども部屋へと続く廊下に目をやった。家の中は寒ざむとしていた。バスローブを羽織り，ウールの部屋履きに足をつっ込んだ。「下の暖炉を確めた方がよさそうね。」

暖炉のようすを見に行く前に，二人の子どもたちの布団を掛け直そうと廊下に向かった。外では風がうなっている。風の音がカレンにも聞こえてきた。風にゆれる松の枝が，息子の部屋の窓ガラスを叩いていた。

一階に行き，暖炉の扉を開けると，石炭をかきおこした。赤々と燃えた炎が心地良かった。薪の山から何本かを手にとって投げ入れ，空気孔を大きく開けた。「どうしてこんなに寒いのかしら？」

自分の部屋に戻ると，窓から外を眺めてみた。雪だ。天気予報で言っていたようなにわか雪ではない。枝先に積もった雪で木がたわんでいる。カレンは，雪で学校へ行けない二人の子どもと家に閉じこめられる，長い1日が始まるまでもう少し眠っておこうと電気を消した。

「ママ！」9歳のデイビッドが寝室から叫んだ。「夜のあいだに，何が起きたか見て！」母親の部屋に走り込んできて，二人は窓の外を眺めた。少なくとも50センチは積もっただろう雪に埋もれて，車も車道も見えなかった。

デイビッドは大急ぎで妹の部屋へ行き叫んだ。「ベッキー，起きて。僕たちの願いがやっと叶ったよ。」デイビッドは眠そうに目をこする妹の腕を引いて窓際まで連れて行った。「スノースーツを着て外に出ようよ。」

カレンはニコッと笑った。「やったね，お二人さん。今日は我が家までスクールバスは来れないわ。雪に閉じこめられちゃったようね。」

「やった！」とデイビッドは飛び上がって叫んだ。

子どもたちは冬のあいだ中，ずっとこの大雪を待ちわびていた。大雪になれば，平日にもかかわらず家で遊べるのだから。ラジオのニュースで休校になったことを聞くと，カレンは子どもたちにホットココアとオートミールを用意した。「これでお休みは決まりね。」

10分後には，デイビッドとベッキーは物置からソリを取り出そうと，玄関ドアのすぐ外で，1メートルも積もった吹きだまりの上に登っていた。家の北側にはソリで滑るのにうってつけの小山が出来ていた。玄関から子どもたちの姿を見ていると，二人の喜びようがひしひしと伝わってきた。カレンは朝食の後かたづけを終えて着替えをすませると，子どもたちのソリ滑りに加わった。何回も滑っているうちに，曲がりくねったソリ滑りのコースが出来上がった。「カワウソのしわざのようだわ」とカレンは思った。

「ねえ，母さん。こっちを見て。」デイビッドが呼んだ。「偉大なデイビッド·キャリントンが今，驚くべき飛び込み技をご披露します。」ソリの上に立ち上がると，ロープをピンと引っ張って手に持ち，積み上げられた雪の波打った斜面をものすごい勢いで滑り降りた。ジャンプの度に雪は削り取られて大きな穴ができ，デビッドは雪の中から目だけ出して大声で笑った。

「ちょっと道路を見てくるから。」カレンは子どもたちに言った。「またあとでね。」彼女は道路に通じる道を歩きだした。しかし，やっと数歩進んだところで，家に戻ることにした。一晩中降った雪は50センチ以上も積もっていた。「スノーブーツでないと歩けないわ。」しかし，彼女はスノーブーツを納屋に取りに戻る代わりに倒れ込み，腕を上下にずらして雪面に天使の形を作ると，大声をあげて笑ってみた。「子どものとき以来，こんなことやったことなかったわ。」

カレンは木々を見上げた。風はおさまり，枝に雪をのせたまま，木々はかすかにゆれていた。この松の木々には特に親しみを感じていた。カレンはこの松たちが気に入って，この土地を購入することにしたのだった。家の方を見ようとふり返った。カレンは毎晩ベッドに入る前，寝室の窓の傍に生えた双子の松の木を見るのが日課だった。春と秋には金色に輝く針のような松葉が落ちるのを，冬には雪が積もるのを見た。また，アメリカコガラやアオカケスが枝にとまり，バードフィーダーのエサをついばんでいるのを見た。

近づいてくるエンジンの音が彼女を驚かせた。「除雪車だわ。」彼女は道路の方へ目をやった。「二人とも早くいらっしゃい。除雪車が来たわよ。」オレンジ色のライトが雪に反射していた。除雪車のシャベルの前でモコモコ動く雪の山が崩されていく。

デイビッドとベッキーはソリを放り出して走ってきた。雪の日のもう一つの楽しみなのだ。一面の白銀の世界で繰り広げられるマジックを見るために，三人は玄関に戻った。1メートルも積もった吹きだまりを除雪車が端へと押し寄せるにつれ，車道が姿を現し，3メートルもの雪の壁ができていった。子どもたちは大喜びで飛びまわり，除雪車に向かって声援を送っている。最後の一かきをすませ，向きを変えると，車道の残り半分をきれいにかいた。

カレンはガラスのようにツルツルになった道を，足をすべらせながら歩いた。とめている車の横の雪はすっかり押しやられて，松の木との間にギュッと押し込まれ，固まっていた。カレンはシャベルを持って車に近づくと，雪の中からタイヤを掘り出し始めた。15分ほどがむしゃらに雪をかき出したところで，車に寄りかかって一息ついた。昨夜の吹雪の名残が，松の木に積もった雪を宙にまき上げた。

その瞬間の美しさも，木の根本に目を向けたとたんに吹き飛んでしまった。カレンはその場にシャベルを放り出し，その木のところへ駆けよった。除雪車のシャベルがひっかいた跡が，木に裂け目となって残っていた。カレンは手袋を外し，手を傷の上に当ててみた。傷からは樹液が流れ，手がねばねばした。松の木のさわやかな匂いがしたが，彼女は血を連想せずにはいられなかった。

そこへ子どもたちがやってきた。「どうしたの？　母さん。」デイビッドが言った。「この木から血が流れているのよ。除雪車がこの車のまわりの雪をかいたときに傷をつけてしまったの。」

ベッキーもその木にふれようと手を伸ばした。「死んじゃうの？」母さんにたずねた。

カレンはその木から後ずさりしながら答えた。「大丈夫よ。死なないわ。この樹液は傷をおおう自然の包帯なのよ。」

「じゃあ，どうしてそんなにつらそうなの？　母さん。」デイビッドは聞いた。「母さんがやったわけじゃないでしょ？」

カレンはその場に立ち尽くし，しばらく考え込んでいた。そして，こう答えた。「私たちのためにやったことだったのよ。私たちがここで暮らせるように。除雪車を操作していたわけではないけれど，私たちがつけた傷なのよ。」

ディビッドは不満顔で母を見つめた。「私たちは防げなかったのよ，デイビッド。だけど，気づくべきだったの。地球とともに暮らすには，わざとではなくても地球を傷つけてしまうことがあるの。」

デイビッドはまだ納得いかないようすで答えた。「それなら僕たちは何をすればいいのさ。いつも悪く感じてないといけないの？」

「違うのよ。」カレンは答えた。「地球と私たちと絆の壊れてしまった部分を知らなければならないの。地球を癒す人間になるのよ。」

地球の傷を知る

目　的：個人やグループ活動によって，地球につけた傷を認めること。

参加者：家族，５～６名の友人グループか，小人数のグループ（10歳以上）。

場　所：近所や町の中。

道　具：交通手段（車，自転車，徒歩）。

進め方：あなたのまわりにある「地球の傷跡」を見つけるゲームです。近所や町の中を歩き回り，傷のあるところや，その傷をつけた物や活動を探してみましょう。普段見慣れた景色の中にも，折れた枝，切株，車の轍（わだち），こぼれたガソリンや石油，放置された埋立地，土壌侵食といった傷ついた地球の姿を見つけることができます。

路地や工場，学校や商店街の周辺を調べてください。注意して探しながら，その土地を傷つける原因となるようなものは何かを考えてみましょう。

どのようにしてその傷がつけられたのか？　誰が傷つけたのか？　傷がつけられる前はどんなところだったのかおはなしを作ってみましょう。

地球の傷を知るその他の活動

1．家の中を歩き回り，家の外の環境にまで影響を及ぼしているものを探してみましょう。家の中で何気なくやっていることが，遠く離れた場所に影響を与えていることも多いのです。電気のスイッチをパチッとつけるということが，どんな影響をもたらすのか話し合ってみましょう。その電気は，どこで，どのように作られているのでしょう？　それだけの電気を発電することによる影響はいったいどのくらいで解消されるのでしょうか？

2．自宅の冷蔵庫や食料棚の中を見てみましょう。それぞれの食品が製造，出荷される際にどんな傷が地球につけられたでしょう？　どの食材が地球への負担が大きく，またどれが負担が小さいでしょう？

3．家のまわりのものをよく見てください。作られたとき，地球に傷つけてしまったものはどれでしょう？　また，処理されるときに傷が残るものはどれでしょう？　みなさんの家庭で作り出される傷をより理解するために，埋立地や発電所，また下水処理場などの施設を訪ねてみてはどうでしょう？

4．地域の環境団体のメンバーを訪ね，その地域の環境には傷がついていないかきいてみましょう。もしあるならば，その現場に行ってみましょう。高速道路，港，空港，あるいはそれに類する公共事業は傷をつけてしまう可能性があります。

5．あなたが地球に傷をつけてしまったときのことを思い出してみましょう。

たとえば，草刈機にガソリンを入れようとして地面にこぼしてしまったり，過剰包装された物をうっかり購入してしまったりしたことはありませんか？　傷をつけたことに対する罪の意識と，それに対して起こす行動のバランスについて話し合ってみてください。破綻してしまった部分を認めることは必要ですが，罪悪感があまりに大きくなり過ぎると逆に何もできなくなってしまうものです。

6．石油の流出などといった環境破壊を調べてみましょう。できるなら，それらの場所を訪ねてみてください。その事故によって起きる短期的な影響を考え，長期的な影響を推測してみてください。同じような事故が繰り返されないために，私たちができることを探してみましょう。

7．新聞の記事を毎日読み，新しく地球につけられた傷がないか調べましょう。そして，6ヶ月ほどそれらの記事をスクラップブックに集めてみてください。その記事に何かパターンや傾向はありませんか？

8．地球に傷をつけている会社や政府機関に手紙を書いてみましょう（たとえば，殺虫剤の会社や梱包に発泡スチロールを使っている会社など)。皆さんの関心事について，それがもたらす悪影響を調べ，改善策を実行するように社会に働きかけましょう。

知っていましたか？

正しいと思っていることでも，実は間違っていることがあるのを知っていましたか？　この章のおはなしのように，雪に囲まれて暮らす家族にとって，除雪車による除雪作業は欠かすことができません。しかし，その作業のために地球に傷がついてしまいました。

多くの確かにすばらしい考えが，地球上に長期にわたる傷を作ってきたこともありました。何世紀ものあいだ，農夫はお腹を空かせた動物や虫から作物を守るために，鉛，砒素，銅などといったありとあらゆる天然毒素を大量に使ってきました。1940年代には合成殺虫剤が製造され始めました。最初に

DDTが，それに続いて何百もの合成殺虫剤が作られてきたのです。

毎年，芝生や樹木，池，庭，公園にまかれる12万トンもの殺虫剤に加えて，アメリカの農場では113万トンを超える有害化学物質を作物に使っています。世界全体ではおよそ181万2000トンの化学物質が使われているのです。殺虫剤の使用により，食糧生産は驚異的に伸びましたが，環境へ与えた悪影響については，何年ものあいだ知られていませんでした。レイチェル・カーソンはDDTが鳥の個体数に与える影響について力強い文章を書きました。鳥の体に入った殺虫剤は，排泄されることなく細胞の組織内に蓄積され続け，生殖機能に影響を与えていました。その結果，鳥は巣の中で割れてしまうほど殻の薄い卵を生むようになってしまい，孵化する卵の数が少なくなり，鳥の個体数は激減したのです。『沈黙の春』（レイチェル・カーソン著）は，それまですばらしい考えだと思われていたものが，長期にわたる影響をもたらしかねないという警告となりました。それ以来，殺虫剤の使用に起因すると思われる，「農民たちのあいだに蔓延する疾病」，「雨水汚染」，「ホルモンや染色体や神経系統に与える影響」，「ガン」などに関する論文が続々と発表されました。これらの問題は，結果として地球と地球の生きもの双方に尾を引く傷を残したのです。

バーミューダグラス〔シバムギ〕が農夫によってアメリカ大陸に持ち込まれた当時は，管理しやすい植物だと信じられていました。野生化した今日では，迷惑な雑草だと思われています。この草が白くてツルのような匍匐枝（ほふくし）を一度地下に張ると，どれほどの勢いで広がって延びていくかを誰も知らなかったのです。この植物の蔓延を阻止することは不可能に等しく，タールが塗られた道路やコンクリートの歩道でさえ，とうてい歯が立ちません。この生命力の強い植物の話を聞けば，誰もがこの植物が在来種へ与えている影響力を想像することができるでしょう。

エネルギー資源が生産されたり，利用されたりするときにも環境に傷がつけられます。環境アセスメントにより，油田開発や石炭の掘削，天然ガスの開発，道路建設のための砂利の採掘，短期・長期にわたる環境への影響はおおよその説明はできますが，実際の影響について確実な予知をすることはできません。

化石燃料の利用，大規模な森や草原の火災は，二酸化炭素，一酸化窒素，二酸化硫黄を放出します。酸性雨は，一酸化窒素と二酸化硫黄が水と混ざり合って生じるのです。酸性雨は植物，動物，魚に被害をもたらし，水域の生息環境を破壊してしまうこともあります。また，石や金属を溶かしてしまうことさえあるのです。

二酸化炭素は他のガスと結合して，大気中の熱を大気圏に閉じこめ，地球に温室効果をもたらします。温暖化現象の50％が，エネルギーを生産するときに生じる二酸化炭素の排出によるものです。メタンはそのうちの18％を占めています。19世紀後半から現在にいたるまで，大気中の二酸化炭素の濃度は25％も増加しました。科学者はこの割合で進むと，50年後には地球の気温は1.5〜5.0℃ 上昇するであろうと予測しています。その結果，海面上昇，海洋生物の生息地の喪失，砂塵あらし，動植物の絶滅，気候の大変動が起こる可能性があると言われています。

1982年，天空に大きな傷が発見されました。科学者たちは南極のオゾンホールを確認したのです。オゾンは大気圏の一部である「オゾン層」を形成する青白いガスで，人間を太陽の紫外線から守ってくれています。その空の傷は，溶剤，冷却剤，エアゾール，高圧ガス，さまざまな合成樹脂やその他の合成物質の製造や使用によって作られてきました。10年以上も前に発見されてから，オゾンホールはその倍以上の大きさになっています。米国環境保護局（EPA）はオゾン層が１％減少すると，米国だけでも皮膚ガン人口が５％増加すると推測しています。オゾン層の破壊は農作物，微生物，気候や雨のパターンにまで影響を与えるのです。

人間の文明がこれまで通り存続する限り，私たちは自分たちがつけてしまった地球への傷，崩れてしまった地球と人間との関係の本質を今すぐ認めなければいけません。問題を問題であると認めることこそが，解決への足がかりとなるのです。

資　料

『オゾン層は守れるか』盛田襄著　アリス館　2000

『危機をむかえた地球の気候』ジョン・ベックレーク著　松本順吉監訳　佑学社　1990

『地球温暖化を考える』宇沢弘文著　岩波新書　1995

Reconciliation

地球の
癒し手になる

ヒーリング【癒　し】

癒しの力はときに奇跡に思えることがあります。子どもが膝をすりむいても，数週間でその傷は治ってしまいます。けがをしても，その傷は必ず回復します。

ときには，ひとりでに回復しないこともあり，そんなときには癒し手が必要になります。地球も癒しを必要としています。地球はその内部に自然治癒力を秘めてはいますが，癒し手の力を必要とするときもあるのです。

次のおはなしをお読みください。ある地球の癒し手の話です。みなさんのまわりを見まわして，なにかできることから行動に移してみましょう。友だちの協力を得ながら，地球の癒し手になってみませんか。

身近な癒し手たち

マークは高校生の二人が，３つ目のカヌーを岩棚に引き上げるのを見ていた。それは，バウンダリーウォーターカヌー自然保護区で過ごす３日目の夜のことだった。「カヌーを持ち上げて，あの平らな場所に置いてある残り２艘の横まで持って行ってくれないか。」マークは２人に指示した。アルミがこすれる音が聞こえたので，マークは「持ち上げるんだぞ，引きずるんじゃなくて」とつけ加えた。このキャンプは，マークにとってこの夏最後のキャンプだった。彼はこの３年間，教会のキャンプを手伝っていた。今回のように，野生生物保護法が定める小人数でのキャンプは楽しいけれど，ほかに大人の責任者がいないことを心細く思うこともあった。

「これは単なる自然の中でのキャンプではないんだよ。」３日前，ベースキャンプを去る準備を始めたグループメンバーに向かってマークは話した。「今回はね，地球や多くの人々とともに暮らす僕たちの生活を，皆で一緒にふりかえるためのキャンプなんだ。自然はあくまでもその“ふりかえり”を助けてくれる道具なんだ。」それが，このキャンプのコンセプトだった。「アース・スチュワードシップ（地球の世話役）」というのが，パンフレットに掲載されたこのキャンプの名前だ。マークに与えられた仕事は，安全に５人の高校生と旅をするだけでなく，地球や他の人々とともに暮らす我々の生活が，信念によってどのように左右されているのかを一人ひとりが理解できるよう手助けをすることだった。

「マーク，こっちに来て，テントの場所を決めるのを手伝ってよ。」そう言ったのは，グループの中でリーダー格のマリアだった。「テントが３張立つぐらいの平らな場所を見つけたんだけど，あの高いところからの湧き水がちょうどそこを流れそうなの。」

マークはその平らな場所へマリアと一緒に歩いて行った。「これまでも，ここでキャンプしたことがあるんだけど」と話しだした。「この低地の北側から離れてさえいれば大丈夫だと思うよ。水の流れた跡がそこを通っているからね。」
マリアとその日カヌーで同じ組だったリンディーがテントを張り終えたので，マークは水際へと戻ることにした。コーキーとマイク，それに5人目のティーンエイジャーのネッドが加わり，忙しそうに食料や装備の荷下ろしをしていた。「君たち三人が今夜の夕食当番だぞ。」マークは彼らに指示した。「料理用バッグの横ポケットの中に食料があるからな。フリーズドライのストロガノフが一番上にあるだろ？　調理方法はパッケージをよく読むんだぞ。」フリーズドライの調理で失敗することは考えられなかったが，マークはこれまでの経験から，キャンプ料理ではどんなことでも起こりうるということを重々承知していた。
数時間が過ぎ，ストロガノフを食べ終え食器を片づけると，全員がたき火のまわりに集まって来た。たき火のまわりはふりかえりやおしゃべりをするには最高の場所だった。その夜，みんなは地球を守る積極的な行動と癒しについて話し合った。
「シガード·オルソンのような人がもっとたくさん必要だわ。」とリンディーが話し始めた。「何人もの力を合わせてもとうてい及ばないぐらい多くのことを，彼は一人でやり遂げた。そして，今もなお人々の心を打つのよ。」
「いったいシガード·オルソンって誰？」マイクは聞いた。「さっきから何度もその名前を口にしているけどさ。」
コーキーとネッドは吹き出した。二人はマイクがシガード・オルソンの名前を今まで聞いたことがないなんて信じられなかった。マリアは自分が知っていることをグループのみんなに話し始めた。「彼はこの周辺の水域保護を語るには，なくてはならない環境活動家だったの。作家であり，ガイドであり，なんといっても，彼が原生自然へ寄せる愛情を多くの人に分かち合うことができた人なの。彼の努力があったからこそ，この水域の近くでは車の乗り入れを禁止することができたのよ。この近辺のまだ誰も手をつけてない湖の上空を，飛行機が行き来するのを阻止する運動も率いていたのよ。」
マークはマリアがシガード・オルソンについてくわしいのに感心しながら聞いていた。「彼はイーリーの近くに住んでいたみたい。」彼女は続けた。

「この近くでは英雄あつかいされているのよ。本当にたくさんの人たちが彼のことを尊敬しているわ。確か，数年前に亡くなったと思うけど。」
マークはたき火の中にもう一本薪を投げ込んだ。「言ったかもしれないけど，僕は彼に一度会ったことあるんだよ。」
「シガード·オルソンみたいなエコヒーローを知ってるなんてすごい。」マリアがそう言うと，他のメンバーたちもうなずいた。
マークはここでグループのみんなに問いかけてみた。「僕はここにいるみんなが，誰かしらエコヒーローを知っていると思うよ。シグのように大きな功績を残したり，有名だったりはしないかもしれない。でも，世界中のさまざまな場所で，さまざまな方法で，地球を癒すために日夜努力している人たちがいるんだ。愛する心から行動に駆り立てられ，健全な地球に戻すために大きな影響を与えた人を，誰だって知っていると思うよ。」
しばらく黙ったまま座っていたみんなは火をながめ，パドルを漕いで過ごした長い1日が終わるこのやすらぎの時を楽しんでいた。そして，マークの問いについて考えていた。
マリアが沈黙を破って話し始めた。「マークが言うような人なんて思い当たらない。今までずっとノースダコタ州の東部で暮らしてきたけど，そこには愛せるような美しい地球なんてほとんどないもの。」
「僕も行ったことあるけど，同感だな。」マイクは言った。「あそこは車で通り過ぎるだけの場所だよ。」
「そんなことはないさ。」マークは反論した。「君が住んでいる近くの農家の人たちのなかには，地球の美しさを感じている人だっていると思うよ，マリア。」
「そうかもしれない。」マリアは答えた。「私の父だって，ときどき黒々とした土を見てその美しさについて話すことがあるもの。ただ，その土がエコヒーローを生み出すとは思わないけど。」
「私，一人会ったことがあると思う，マーク。」リンディーが口を開いた。「私の学校の先生が教育委員会と掛け合って，うちの学校の４年生が全員参加できるプログラムを作ったの。今では４年生はみんな，3日間の環境教育キャンプに参加して，森林環境や森林を守るために必要な知識を学んでいるわ。」

「それだよ。それが僕の言いたかったことなんだ，リンディー。」マークはつけ加えた。

「その先生が，学校でリサイクルを始めようと働きかけたんだと思う。」リンディーはそう言って話を終えた。

「そういう小さなことでも，人々の態度に大きな変化をもたらすことができるんだよ。」マークはほかの子どもたちが発言してくれないか，誘うようにみんなの顔を見まわした。

「以前，地球のために活動している人の話を読んだことがあるんだ。」マイクが発言した。「社会科の先生が宿題で出したんだけど，確か，『モンキー・レンチ・ギャング』って言ったかな。」

「エドワード・アビーの作品だ。」マークがつけ加えた。「彼もエコヒーローの一人だよ。だけど，みんなにはリンディーの先生みたいな身近なヒーローを考えてほしいな。」

「一人だけ知ってるわ。」マリアは長い沈黙を破って切りだした。「ずっと前からその人のこと知ってるの。父さんは彼の話をするのが大好きで，何回も何回も繰り返しするの。ただ，今の今まで彼が地球を愛してる人物だなんて考えたこともなかった。」彼女はまるで長年の考えを見直すかのように，少し間をおいた。

「さあ，続けてよ。」コーキーは彼女をけしかた。「早く話してくれないと，眠っちゃうよ。」

「父さんがいつも話すように話すわね。」マリアは話しだした。「それが私が知ってる，唯一のオウレ・サンドバーグさんの話だから。今，その人は80歳くらいだと思うわ。私は教会での彼しか知らないの。いつも後ろの方の列に座ってうとうとしているの。」彼女は座りなおし，ゆったりと丸太にもたれかかった。「第二次世界大戦が終わり，オウレは故郷の農場へとまっすぐ帰ってきました。私たちが暮らすこのレッドリバーバレーの地に彼が戻ってきたとき，彼は自分の故郷が，まるで今まで見たことのない土地のように見えたのでがく然としたの。彼はその土地で育ったんだけれど，ずっと北アフリカやイタリアにいたあいだに，故郷の景色がまったく変わってしまっていたの。」

マリアはグループのみんなを見わたした。「もし行ったことがなかったら，そこがどんなに平らで，木のないところなのか想像できないと思うわ。それはともかく，オウレが故郷に戻ってきたとき，以前に比べ木の本数が減っていたのね。彼の弟たちは木立が広がっていた土地まで耕してしまったから。冬に戻ってきたオウレは，スナートを見て本当にがっかりしました。」彼女はもう一度皆を見まわし，質問した。「スナートって知ってる？」皆が答える間もなく，彼女は話し始めた。「スナートっていうのは，雪と土が混ざり合ったもので，風に飛ばされて窓ガラスやドアの下にこびりつく細かくて茶色いほこりのこと。ホワイトクリスマスの代わりに，その谷ではときどきブラウンクリスマスになってしまうの。」

「ある日，オウレが町でコーヒーを飲んでいると，町の職員が，いまにこの谷は吹き飛ばされてしまうと話しているのを耳にしました。吹雪をくい止める木立はなくなり，新しい農法によって土壌が失われつつあったの。その職員は，300キロも遠くに土壌が飛ばされていると話していて，このことを聞いたオウレは気が動転してしまいました。町の職員はこう続けました。『この谷を救う唯一の方法は防風林のシステムを確立することだ。問題は，誰も樹木にお金をかけたがらないこと。それに，お金にならないようなもののために良い農地をつぶしたがらないことだ。』誰も…オウレ以外は。次の夏がやってくると，彼は貯金をはたいて苗木を買いました。2年の歳月をかけ，彼は自分の農地に500メートルごとに1列ずつ木を植えていきました。風を防ぐためのハコヤナギと，スナートをくい止めるための松。隣の郡の人までが，日曜にはこの“防風林男”の仕事を見るために，車でやってくるようになりました。そして，彼の防風林は成功をおさめました。木立は風による土壌浸食を軽減させるだけではなく，雪が吹き飛ぶのも防いだので，そこの土壌はより多くの水分を貯えるようになったのです。春の植えつけこそ少し遅れをとりましたが，いつでも彼の作物は最高の出来でした。」

「しかし，オウレはそこで終わりませんでした。彼は防風林の伝道者となったのです。協同組合や農業組合の集会を訪ねました。教会や学校へも出向きました。皆に防風林の大切さを説いていったのです。また，人々のために自ら木を購入して植えつけの手伝いさえもしました。もし今，私が暮らす郡を車で通り抜けたら，500メートルごとに防風林が植わっているのを見ることができるわ。」
　マークは背筋を正して答えた。「それはエコヒーローのいい例だよ，マリア。型にはまる必要はないんだ。ただ地球をたくさん愛せばいいのさ。地球を癒す行動に自らが駆り立てられるぐらいにね。ここの林であろうとノースダコタの平坦な土地であろうと，それは同じことなんだ。都会に住む人だってそうさ。場所は関係ないのさ。みんなに伝えたいことはね，地球を愛し，そして地球を癒すのに努めなさいってことだよ。」

地球の癒し手の話をわかちあいましょう

目　的：地球を癒す人たちの話を聞いて，自分自身，また他の人たちも癒し手の仲間に加わること。

参加者：家族，小人数の友人グループやクラス（8歳以上）。

場　所：どんな場所でもかまいませんが，初対面の人どうしが好ましい。

教　材：なし。

進め方：しばらく野外でハイキングをしたり，遊んだりしながら一緒に過ごします。疲れてきた頃，腰を下ろしてそれぞれ自分の知っている地球の癒し手について，しばらく思いをめぐらしてみましょう。そして順番にその話をしていきます。おはなしというのは，ほかのどんなコミュニケーション手段でも伝えられないような感動や信念を伝えることができます。あせらずに，こまかな部分まで思い出してください。
　話はその人物の紹介から始めて，聞き手がまるでその人物を前から知っていたかのような気持ちになれるように心がけましょう。そのためには，場所や状況がはっきりわかるようにすることです。その人物が地球のために働くことになった，きっかけを想像してみてください。

それぞれのおはなしを聞きましょう。誰か自分とつながりのあるような人物はいませんでしたか？　話の登場人物たちには共通点はありますか？　地球の癒し手になるには難しい場所はありますか？

歴史からわかることは，大規模な運動も小さな出来事に対する努力の積み重ねによるものだということです。身近な日常の地球の癒し手になったり，人に話をするということは，何か大きなことの一部なのです。話すことで，あなたも癒し手の仲間に入りましょう。

地球を癒すその他の活動

1．ご家族で自宅の庭の利用計画を立ててみましょう。人間の使用や自然による土砂の流出をできる限り少なくするように注意を向けてください。樹木や潅木の長期的な植栽計画を立ててみましょう。

2．地元の癒し手たちを訪ね，地球をいたわるようになった経緯（いきさつ）を聞いてみましょう。

3．地元で起こっている問題を何か探し，自分もその解決過程に加わってみましょう。あなたにできることがたとえわずかでも，地球を癒すには大切だということを覚えておいてください。

4．有名な地球の癒し手たちのおはなしを読んでみましょう。この章の資料を参考にしてください。

5．近くの公園のゴミ拾いを定期的にしてみましょう。市や県の公園局にボランティアを必要としている公園がないか連絡をとってみましょう。

6．地域の地図をつくり，元気な場所や治療を必要としているポイントに印をつけていきます。地域の人々と一緒に，これらの場所の健康回復に努めましょう。

7．環境教育センターや大学の演習林を訪ねてみましょう。どのように生息地が復元され，保全されているかよく見てみましょう。

8．ネイチャーコンサーバンシーに連絡を取り，自分が暮らす州ではどのような保全に力を注いでいるか調べて，その活動に加わりましょう。
1815　North Lynn Street, Arlington VA 22209
日本でのネイチャーコンサーバンシーは，アジア地区の一環としてハワイに本部を置き，日経連と協力して活動を行なっています。
107-8077　東京都港区北青山2-5-1

9．掘り起こして剝げてしまった芝の修繕を，小さな子どもたちと一緒にしましょう。くま手や鍬を使って土を耕し，種をまき，新しく種をまいたところには杭を打ってロープで囲っておきます。定期的に水やりを忘れないようにさせましょう。

知っていましたか？

あなたも地球の癒し手になれるのですよ。オウレ・サンドバーグは自身の愛する土地で土砂流出が起きているのを目の当たりにし，それを復元する方法を見つけました。エクソン社のバルディーズ号が，アラスカで1100万ガロンの石油を流失させたとき，広範囲にわたる原油の流失の被害で苦しむ海洋生物を救うために全米の人々が立ち上がりました。

環境の回復や癒しというのは「この世界に暮らす生きものを保護する」という昔からの原理にもとづいた，新しいエコロジカルな活動です。北米先住民は自分たちの生活環境である生息地の保護について，深い理解を持って暮らしてきました。資源を注意深く使用し，何世代ものあいだ，その景観の神聖さを汚さないよう活動してきたのです。長老たちは若い者たちに，自分たちは地球の守り人であり，土地の世話役であると語り継いできました。

アルド・レオポルドは，1930年代なかばの土地回復運動の創始者として知られています。彼はウィスコンシン大学と連携して，傷つけられた土地に原生植物群落を復元しようと活動しました。また，平和部隊（ピースコープ）の協力を待って，世界中で最大規模と言われる復元植物群落のコレクションを作りました。現在，30を超える貴重な群落が大学の樹木園に保存されています。

現代の土地回復運動の歩みは，1970年代後半に起きた環境運動とともに始まりました。1988年にはカリフォルニアのバークレーで地球復元会議が開催され，800人を超える科学者，政治家，活動家が集まり，大草原と湿地を重点的に回復させる活動の重要性が国に認められました。土地回復活動家たちは，ただ単に地球を癒すだけでなく，その土地についてのくわしい知識を築きあげていったのです。

サンフランシスコの人々は，外来種におおわれた岩山に，在来の束状草類の再導入を試みています。スペイン人が200年ほど前にまいたドクムギ草は，外来種としてあっという間に在来種に取って変わりました。国内の鉱山も復元されつつあります。多くの市民は採掘後の山に植物を復元させようと，数年にわたって在来種の草の種をまき，地域に生息する灌木や樹木の植林を続けています。国立公園の１つ，バージニア州シェナンドア国立公園は，地球自体が持つ回復力が発揮された例です。200年以上ものあいだ，その場所は耕作され，放牧され，焼かれ，伐採されてきましたが，1935年に国立公園として登録され，さらに，1976年には原生自然地域をも含めてその範囲は広げられることになりました。一定の時間さえあれば，自然は自力で回復することができます。人々の助けがあれば，その過程はよりいっそう速く進むのです。

環境の復元というものは土地に限られたものではありません。絶滅の危機に瀕した動物，魚，鳥の個体群の復元，また流域，河川，空気を改善する努力も行われています。人間と地球との関係を修復する努力までなされています。たとえば，家族，学生，友人グループでフィールドトリップ，環境教育センターでのワークショップ，鳥獣保護地区や原生地域へのツアーに参加することなどです。アル・ゴア（アメリカ合衆国元副大統領）は彼の著書『地球の掟』の中で，地球は常にバランスをとろうとしている，と書いています。そのバランスを維持するには，人々は断ち切られた地球との関係を結び直す努力に精励しなければなりません。環境復元は和解への一つの道筋なのです。

レイチェル・カーソンやシガード・オルソンのようなエコロジストについてもっと知りたい人は，前作『子どもが地球を愛するために』の終わりにある解説をごらんください。

資　料

『子どもが地球を愛するために』マリナ・ラチェッキ・ハーマンほか著　山本幹彦監訳　人文書院　1996
『地球の掟―文明と環境のバランスを求めて』アル・ゴア著　小杉隆訳　ダイヤモンド社　1992
『木を植えた男』ジオノ・ジャン原作　フレデリック・バック絵　寺岡襄訳　あすなろ書房　1992
『たたかいの人　田中正造』大石真著　偕成社　1976
『オールド・ブルー　世界に一羽の母鳥』メアリ・テイラー作　百々佑利子訳　さ・え・ら書房　1999
『地球の声を聴く』ジョアンナ・メイシーほか著　星川淳監訳　ほんの木　1993

あとがき

前作『子どもが地球を愛するために』を発刊してから２年，続編を完成させることができてほっとしたというのが正直な気持ちです。この翻訳を始めた途端，それまで住み慣れた京都の地を離れて北海道に移り住み，また職種こそ変わらないものの，新しい職場での慣れない環境への適応というなかでの作業となりました。

著者が暮らすウィスコンシンと緯度的にほとんど変わらない北海道での生活は，前作をも含めた「おはなし」に出てくる場面と非常によく似た日々の連続でした。広大な大地の中への引っ越しの最中には「我が家へようこそ」，初雪の頃には「ひとひらの雪」，大雪の後には「傷跡」の翻訳作業と重なり，おかしくなってしまいました。

北海道に移り住んでの初めの仕事は，森を使った環境教育プログラムの開発でした。林野庁と文部科学省との連携事業になる「森の子くらぶ」は，本書で紹介されているような活動を実践する場ともなり，また，前作がそうであったように，家族を対象とした週末プログラムとして毎月実施してきました。もちろんそれまでも，アメリカで開発された森林環境教育教材の Project Learning Tree を紹介する指導者養成のワークショップを1994年から行なってきましたが，その有効性を実際のプログラムで確信すると同時に，日本の風土へ応用する機会にもなりました。

先日，ボンで行なわれたＣＯＰ６では，地球温暖化防止の京都議定書の運用ルールが合意され，日本が批准する日もそれほど遠くないでしょう。個人的にもＣＯＰ３が京都で開催されたとき，その２年も前から気候フォーラムの立ち上げをし会議に関わったことから，非常に注目していましたし，批准した内容を実行に移すためには教育は欠かすことができないだろうと考えています。学校では2002年から「総合的な学習」が始まります。なかでも，総合的な学びが必要な「環境教育」が少なからず注目されています。今年の６月の国会では「学校教育基本法」や「社会教育基本法」が改正され，自然体験活動の充実に努めるという文言が加わりました。また，林野庁では新たに「森林・林業基本法」が制定され「森林に有する多面的な機能」として，環境教育のフィールドとして森林を積極的に位置づけるようになりました。そして，環境庁も環境省に格上げされると同時に，「環境教育」のセクションが新たに設けられ，積極的な取り組みが期待されています。これから，ますます環境教育の果たす役割が重要になってくることでしょう。

しかし，環境教育は単に自然を学ぶことだけではありません。もちろん，自然の中での体験は重要ですが，自然の営みを学ぶと同時に，自然とのつながりを実感し，自然に生かされている，自然とつながっているという価値観や態度の育成こそが大切なのです。「宇宙船地球号」とよく言われますが，今，実感を持ってこの言葉を聞く子どもたちが何人いるでしょう。私たちが地球との一体感を持たない限り，地球を大切にしようとは思わないでしょう。子どもたちが地球を愛するために，私たち大人ができることはたくさんありそうです。

最後に，引っ越し，新しい職場という慌ただしい日々の中，あきれられながらも応援してくれた家族に感謝しています。皆の支えがなければここまでこれなかったでしょう。北海道の大自然の中での生活は，2人の子どもたちの〈センス・オブ・ワンダー〉を育むまたとない機会となること，と同時に，私たち夫婦の自然と共生した日々となるのを願ってのことでした。また，遠くに離れてしまったのですが，仕事の合間での作業で，筆が進まない私を電子メールで叱咤激励してくれた人文書院の伊藤さんと松井さん，おかげで何とか形にすることができました。感謝しています。そして，翻訳を助けていただいた目崎さんの労力がなければこの本は出来なかったでしょう。また，翻訳途中でどうしても分からないことを，メールでの質問に丁寧に，そして間を空けずに返事を返してくれたMarinaの協力に感謝します。

本書が皆さんの地球とのパートナーシップを築くための一助となれば幸いです。

2001年8月12日

山本　幹彦

MORE TEACHING KIDS TO LOVE THE EARTH
by Marina Lachecki & James Kasperson

This edition is licensed by Pfeifer-Hamilton Publishers,
Duluth, MN, USA
through The English Agency (Japan) Ltd.

監訳者紹介

山本幹彦（やまもと・みきひこ）

1956年京都生まれ。立命館大学卒業。2000年４月より（財）青少年野外教育振興財団環境教育事業部長および（財）日本ユースホステル協会研究員。日本環境教育学会、日本環境教育フォーラム、北米環境教育協議会会員。環境教育指導者養成ワークショップ、エコツアーを実施しつつ、ユースホステルでの自然体験プログラムや森林環境教育プログラムを開発。北海道当別町在住。

訳者紹介

目崎素子（めさき・もとこ）

東洋英和女学院人文学部社会科学科卒業後、米国バーモント州立大学大学院自然資源計画科にて環境教育を学ぶ。帰国後、都市緑化の会社に勤務しながら環境教育に携わる。現在、大学の非常勤講師を勤めたり、学校や民間の野外・環境教育、教材開発に関わっている。

もっと！子どもが地球を愛するために

〈センス・オブ・ワンダー〉ワークブック

2001年９月15日　初版第１刷印刷
2001年９月20日　初版第１刷発行

著　者　マリナ・ラチェッキ
　　　　ジェイムス・カスパーソン
監訳者　山本幹彦
訳　者　目崎素子
発行者　渡辺睦久
発行所　人文書院

〒612-8447 京都市伏見区竹田西内畑町9
電話 075-603-1344　振替 01000-8-1103
http://www.jimbunshoin.co.jp/

印刷所　創栄図書印刷株式会社
製本所　坂井製本所

落丁・乱丁本は小社送料負担にてお取替えいたします

ISBN 4-409-23034-4 C0037